Journey Through Korean Fairy Tales

한국어 동화 여행

한글파크

들어가는 말

디지털 시대를 살아가는 우리는 많은 정보 속에서 살아갑니다. 이제는 글을 이해하고 의미를 파악하며 활용할 수 있는 능력인 문해력이 중요해지고 있습니다. 이렇게 문해력이 중요한 시대에 '읽기'는 한국어 학습에서 빼놓을 수 없는 영역입니다. 이 책은 외국인 학습자들이 한국어로 된 다양한 이야기를 읽으며 언어와 문화를 함께 익힐 수 있도록 구성되었습니다.

우선, 한국의 옛날이야기를 읽으면서 한국인의 가치관과 생활 문화를 이해할 수 있습니다. 한국 사람이라면 누구나 알고 있는 전래동화를 통해 한국의 전통문화를 느껴 볼 수 있습니다. 또한 세계적으로 잘 알려진 동화나 이솝 우화를 한국어로 읽을 때는 학습자의 모국어 이야기와 비교하며 읽을 수 있어서 보다 풍부한 이해와 흥미로운 경험을 제공할 것입니다.

이 책을 통해 자연스럽게 한국어의 문법과 표현을 익힐 수 있고, 읽기 후 제시된 질문에 답을하며 한국어로 스스로 생각하는 힘을 기를 수 있을 것입니다. 그리고 더 나아가 실제로 써보는 활동을 통해 배운 내용을 자신의 언어 능력으로 확장할 수 있어 한국어 실력 향상에 큰 도움이 될 것입니다.

이 책을 통해 한국어를 배우고자 하는 분들이 한국어 읽기의 즐거움을 느끼고, 나아가 한국어를 자신 있게 사용할 수 있는 계기가 되기를 바랍니다.

2026년 1월

저자 김미숙

일러 두기

생각해 보세요

각 과의 앞부분에는 이야기의 주제와 관련된 질문을 제시하여 이야기를 읽기 전에 생각을 열어 보도록 한다.

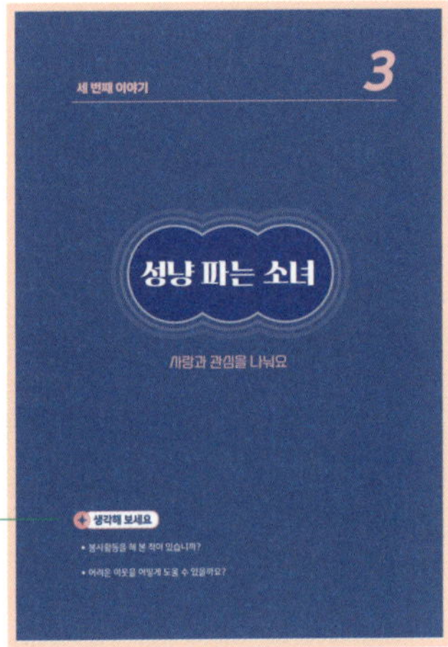

이야기

이야기에는 제목을 넣어 내용을 미리 추측하거나 다 읽은 후에 정리해 볼 수 있도록 하였다.

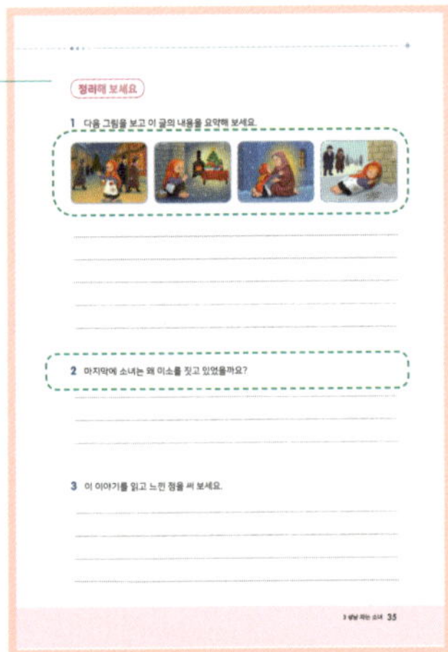

QR 코드

큐알 코드를 스캔하면 내용을 들어 볼 수 있도록 하였다.

새단어

새 단어를 제시하였고, 새 단어는 부록에 번역과 함께 제공하여 학습에 도움을 주고자 하였다.

정리해 보세요

- 그림을 보면서 읽은 내용을 요약해 보도록 하였다.
- 질문을 통해 이야기를 정리해 볼 수 있도록 구성하였다. 기억에 남는 장면을 생각해 보거나 마음에 드는 문장을 따라 써 보면서 한국어 실력을 향상시킬 수 있도록 하였다.

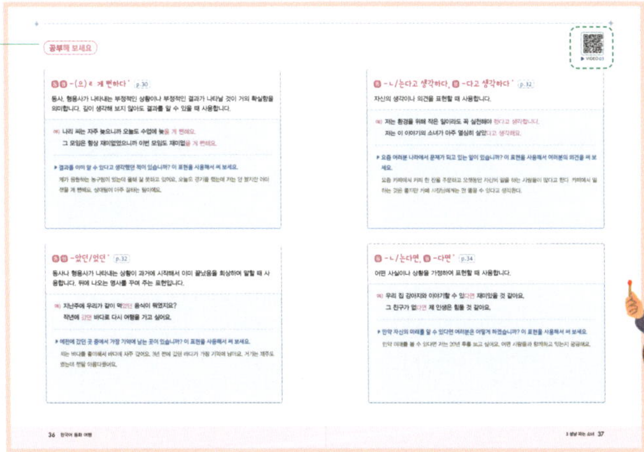

QR 코드

문법을 익힐 수 있는 설명 영상을 제공하여 학습에 도움을 주고자 하였다.

공부해 보세요

- 본문에 제시된 표현을 학습할 수 있도록 하였고, 표현을 활용하여 다양한 질문에 대답해 보며 사고력과 의사소통 능력을 향상시키도록 구성하였다.
- 교재의 표현은 국제통용 한국어 표준교육과정에서 학습해야 할 문법으로 선정하였다.

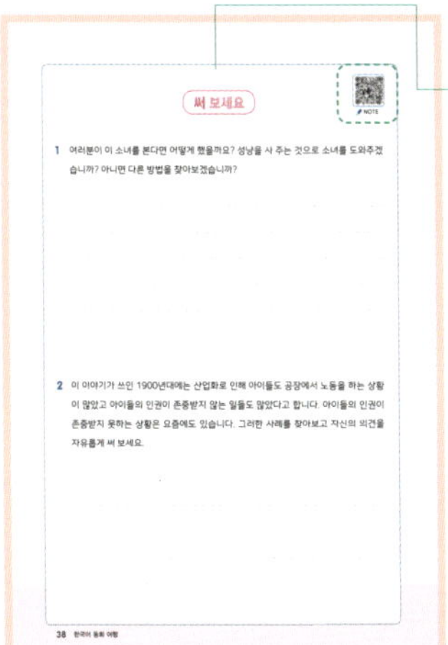

써 보세요

학습한 내용을 바탕으로 학습자 스스로 써 볼 수 있도록 구성하였고, 읽기 후 활동으로 확장이 가능하도록 하였다.

QR 코드

큐알 코드를 스캔하면 다른 학습자들의 의견을 살펴볼 수 있도록 하여 다양한 의견을 서로 나눌 수 있도록 구성하였다.

어휘 목록

본문에 제시된 새 단어를 부록에 목록으로 제공하여 학습에 도움이 되도록 하였다.

단원 구성표

과	이야기		문법과 표현
1	**금도끼, 은도끼** 정직하게! 성실하게!	전래동화	• –곤 하다 • –고 말았다 • –(으)ㄴ 채 • –ㄴ/는다는, –다는
2	**당나귀와 어느 부자** 스스로 판단해요	이솝우화	• –ㄴ/는다면서, –다면서 • –느라고 • –다니(요) • –다가는
3	**성냥 파는 소녀** 사랑과 관심을 나눠요	안데르센 동화	• –(으)ㄹ 게 뻔하다 • –았던/었던 • –ㄴ/는다고 생각하다, –다고 생각하다 • –ㄴ/는다면, –다면
4	**흥부와 놀부** 착하게 살면 복을 받아요	전래동화	• –ㄴ/는 척하다, –(으)ㄴ 척하다 • –자 • –(으)ㄹ 리가 없다 • –기는커녕
5	**개미와 베짱이** 미리미리 준비해요!	이솝우화	• –아야/어야 • –(으)ㄹ 텐데 • –(으)ㄹ 걸 그랬다 • –기 마련이다

과	이야기		문법과 표현
6	**미운 아기 오리** 누구에게나 잠재력이 있어요!	안데르센 동화	• –(으)며 • –(으)ㄴ 나머지 • –기 일쑤이다 • –았더라면/었더라면
7	**효녀 심청** 효는 한국의 문화예요!	전래동화	• –도록 • –(으)ㄹ 리 만무하다 • –ㄴ/는 모양이다, –(으)ㄴ 모양이다 • –기에
8	**은혜 갚은 독수리** 받은 은혜를 갚아요	이솝우화	• –ㄴ/는 듯(이), –(으)ㄴ 듯(이) • –더니 • –(으)려야 • –(으)ㄹ 뻔하다
9	**벌거벗은 임금** 진실을 말하는 용기를 가져요	안데르센 동화	• 뿐이다 • –다시피 • –(으)ㄹ까 봐 • –(으)ㄹ지라도
10	**토끼의 간** 지혜롭게 해결해요	전래동화	• –(으)나 마나 • –거니와 • –았다가/었다가 • –더라도

목 차

들어가는 말 3

일러두기 4

단원 구성표 6

목차 8

첫 번째 이야기 **금도끼, 은도끼** 9

두 번째 이야기 **당나귀와 어느 부자** 19

세 번째 이야기 **성냥 파는 소녀** 29

네 번째 이야기 **흥부와 놀부** 39

다섯 번째 이야기 **개미와 베짱이** 49

여섯 번째 이야기 **미운 아기 오리** 59

일곱 번째 이야기 **효녀 심청** 69

여덟 번째 이야기 **은혜 갚은 독수리** 79

아홉 번째 이야기 **벌거벗은 임금** 89

열 번째 이야기 **토끼의 간** 99

부록 **어휘 목록** 109

첫 번째 이야기 1

금도끼, 은도끼

정직하게! 성실하게!

생각해 보세요

- 여러분은 정직하게 생활하는 편입니까?
- 거짓말을 한다면 어떤 상황에서 거짓말을 하게 될까요?

성실하고 착한 나무꾼

Track 01-1

옛날 어느 마을에 아주 착한 **나무꾼**이 살고 있었습니다. 그 나무꾼은 어머니와 함께 살았는데 **가난했지만 정직하고 성실한** 사람이었습니다.

나무꾼은 매일 아침 일어나서 산으로 갔습니다. 하루 종일 산에서 나무를 **베었습니다**. 그렇게 하루 종일 열심히 일해서 벤 나무를 시장에 가서 팔아서 **돈을 벌었습니다**. 나무꾼은 저녁때쯤 산에서 내려오곤 했습니다.⁺ 힘들게 일을 했지만 나무꾼은 한 번도 **불평**을 한 적이 없었습니다.

이렇게 성실한 나무꾼은 생활이 **풍족하지** 않았지만 어머니와 행복하게 살았습니다.

새단어

나무꾼
가난하다
정직하다
성실하다
베다
돈을 벌다
불평
풍족하다

Q 나무꾼은 어떤 사람인가요?

도끼를 잃어버린 나무꾼

Track 01-2

그러던 어느 날, 나무꾼은 **평소**처럼 아침에 산으로 가서 열심히 일을 했습니다. 나무를 베려고 산 여기저기 다녔습니다. 그러다가 작은 **연못**이 있는 곳까지 가게 되었습니다.

"아, 배고프다. 여기에서 밥을 먹으면 되겠군."

나무꾼은 연못 옆에서 점심을 먹으면서 잠시 쉬었습니다.

"이제 다 먹었으니 다시 나무를 베어 볼까?"

나무꾼은 힘을 내어 다시 나무를 베기 시작했습니다. 그런데 그때 **도끼**가 손에서 **미끄러져** 나무꾼은 도끼를 연못에 **빠뜨리**고 말았습니다.⁺

"아이고! 이런!! 내 도끼!! 이제 어떻게 하지? 도끼가 없으면 일을 할 수 없는데."

도끼를 잃어버린 나무꾼은 너무 슬퍼서 눈물을 **흘렸**습니다.

새단어

평소
연못
도끼
미끄러지다
빠뜨리다
흘리다

Q 점심을 먹은 후, 나무꾼에게 무슨 일이 생겼나요?

산신령을 만난 나무꾼

Track 01-3

그때였습니다. 엉엉 울고 있는 나무꾼 앞에 하얀 옷을 입은 **산신령**이 **나타났습니다**.

"저는 이 산을 **지키는** 산신령입니다. 왜 이렇게 슬프게 울고 있는 것입니까?"

"나무를 베다가 연못에 도끼를 빠뜨렸습니다. 제게는 하나밖에 없는 도끼입니다. 도끼가 없으면 나무를 벨 수 없고, 그러면 돈을 벌 수 없지요. 그러면 저희 어머니가…."

나무꾼은 말도 다 하지 못한 채+ 울기만 했습니다.

"그럼, 제가 연못 속으로 들어가서 도끼가 있는지 **찾아보겠습니다**. 잠깐 기다리세요."

새단어
엉엉
산신령
나타나다
지키다
찾아보다

Q 나무꾼은 왜 엉엉 울고 있었나요?

다시 찾은 도끼

Track 01-4

물속에 **들어갔던** 산신령은 **금**으로 만든 **화려한** 금도끼를 들고 나와서 나무꾼에게 금도끼가 나무꾼의 도끼인지 물었습니다.

"그 금도끼는 너무 좋은 것이지만 제 도끼는 아닙니다."

나무꾼은 **고개를 저으면서** 대답했습니다. 산신령은 다시 연못으로 들어갔습니다. 이번에는 은도끼를 가지고 나왔습니다.

"이것이 잃어버린 도끼입니까?"

"아닙니다. 그 도끼도 제 것이 아닙니다. 제 도끼는 **낡은** 쇠도끼입니다."

새단어

들어가다
금
화려하다
고개를 젓다
낡다

Q 산신령은 연못에서 무엇을 가지고 왔나요?

도끼를 모두 선물 받은 나무꾼

Track 01-5

"정말 정직한 나무꾼이군요. 제가 이 도끼 모두 선물로 드리겠습니다."

산신령은 정직한 나무꾼에게 **감동을 받아** 금도끼, 은도끼, 쇠도끼를 모두 **가져가라고** 했습니다.

나무꾼은 **기쁜** 마음으로 금도끼, 은도끼, 쇠도끼를 모두 가지고 집으로 돌아왔습니다.

정직하고 성실한 나무꾼은 어머니를 더 잘 **모실** 수 있다는⁺ 생각에 너무 행복했습니다.

살다 보면 욕심을 부리게 되는 상황이 생길 때가 있습니다. 하지만 그럴 때도 이 이야기의 나무꾼처럼 정직하고 바르게 생각하면 더 좋은 일이 생길 수 있을 것입니다.

새단어

감동을 받다
가져가다
기쁘다
모시다
욕심을 부리다
상황
바르다

Q 산신령이 나무꾼에게 도끼를 모두 준 이유는 무엇인가요?

정리해 보세요

1 다음 그림을 보고 이 글의 내용을 요약해 보세요.

2 이 이야기에서 기억에 남는 단어 3가지를 써 보세요.

3 이 이야기를 읽고 느낀 점을 써 보세요.

공부해 보세요

동 -곤 하다⁺ p.10

동사가 나타내는 상황이 반복됨을 나타냅니다.

예) 저는 어렸을 때 이곳에서 자주 놀곤 했어요.
시간이 있으면 공원에서 산책하곤 해요.

▶ 여러분은 자주 하는 일이 있습니까? 이 표현을 사용해서 자주 하는 일에 대해 써 보세요.

저는 보통 바빠서 운동을 많이 못 하지만 주말에는 자주 농구를 하러 가곤 해요.

동 -고 말았다⁺ p.11

앞의 내용이 안타깝지만 결국 일어났음을 나타냅니다.

예) 그 드라마의 주인공들은 서로를 너무 사랑했지만 결국 헤어지고 말았다.
저는 학교에 일찍 가려고 했는데 늦잠을 자서 오늘도 지각을 하고 말았어요.

▶ 안 좋게 끝난 일이 있었습니까? 이 표현을 사용해서 안타깝지만 결과가 그렇게 된 상황을 써 보세요.

얼마 전에 영화를 봤는데 정말 사랑하는 두 사람이 여러 가지 이유 때문에 결국 헤어지고 말았다.
서로 사랑하는 두 사람의 이별이 마음 아팠다.

▶ VIDEO 01

동 -(으)ㄴ 채⁺ p.12

앞에 나오는 동사의 행동을 하고 나서 그 상태 그대로 있음을 나타낼 때 사용합니다.

예) 어제 너무 피곤해서 코트를 입은 채로 소파에서 잠이 들었다.
우리 엄마는 가끔 안경을 쓴 채로 세수를 하신다.

▶ **깜빡하고 실수한 일이 있습니까? 이 표현을 사용해서 실수한 일에 대해 써 보세요.**

요즘 깜빡하는 일들이 많아요. 어제는 휴대 전화를 손에 든 채로 한참 찾았어요. 손에 든 휴대 전화를 보고 한참 웃었어요.

동 -ㄴ/는다는, 형 -다는⁺ p.14

들은 사실을 인용하여 전달하면서 뒤에 오는 명사를 설명하여 나타낼 때 사용합니다.

예) 유라 씨가 요즘 외국어를 배운다는 이야기를 들었어요.
아침에 먹는 사과가 건강에 좋다는 말이 있어요.

▶ **최근에 본 뉴스 중에 기억에 남는 뉴스가 있습니까? 이 표현을 사용해서 써 보세요.**

최근 기술의 발달로 커피를 만들어 주는 로봇도 생겼다는 뉴스를 봤다. 앞으로 어떤 기술이 나올지 기대된다.

써 보세요

NOTE

1 '나무꾼'은 금도끼가 더 좋다는 것을 알았지만 욕심을 내지 않고 자신의 도끼만 찾으려고 했습니다. 여러분이 이 나무꾼이라면 어떻게 했을까요?

2 이 이야기는 '이솝 우화' 중 하나의 이야기로 원제는 '나무꾼과 헤르메스'입니다. 한국에서는 원래 이야기의 '강가' 대신 '연못'으로, '헤르메스'가 '산신령'으로 바뀌어 알려져 있습니다. 여러분 나라에도 이와 비슷한 이야기가 있습니까? 어떤 점이 다르게 전해지고 있는지 찾아보세요.

두 번째 이야기

2

당나귀와 어느 부자

스스로 판단해요

생각해 보세요

- 여러분은 어떤 일을 결정할 때 스스로 생각해서 결정하는 편입니까? 다른 사람과 의논한 후에 결정하는 편입니까?
- 다른 사람의 말대로 한 일이 있었습니까? 결과가 어땠습니까?

당나귀를 팔러 가는 아버지와 아들

Track 02-1

옛날 어느 마을에 **당나귀**를 **키우는** 아버지가 있었다. 어느 날 아버지는 당나귀를 키우는 것이 힘들어서 당나귀를 팔아야겠다고 **마음을 먹었**다. 당나귀를 팔러 가는 날, 아들은 아버지와 함께 가겠다면서[+] 따라 나왔다.

아버지와 아들은 당나귀를 **끌고** 시장으로 향했다. 시장까지 가려면 **한참**을 걸어야 했다. 한참 걷던 아들은 당나귀를 끌고 가는 아버지가 힘들어 보여서 마음이 아팠다.

"아버지, 당나귀를 제가 혼자 끌고 가도 될까요?"

아들은 당나귀를 끌고 아버지와 **오손도손** 이야기를 하면서 시장으로 갔다.

새단어
당나귀
키우다
마음을 먹다
끌다
한참
오손도손

Q 아버지는 왜 당나귀를 팔아야겠다고 했나요?

사람들의 이야기를 들은 부자

Track 02-2

아버지와 아들은 당나귀를 끌고 한참을 걷고 있었다. 그때 길가에 있는 가게에서 사람들이 이야기하는 소리가 들렸다.

"당나귀를 끌고 힘들게 가고 있네. 당나귀를 타고 가면 되는 거 아니야?"

"맞아. 당나귀는 **짐**도 **옮기고**, 사람도 타는 동물이니까 당연히 타고 가야지."

"그러게. 정말 **어리석은** 사람들이네."

사람들의 말을 들은 아버지는 이렇게 말했다.

"아들, 저 사람들의 말이 맞는 것 같아. 당나귀에 타는 게 좋겠어."

그리고 아들을 당나귀에 **태우고** 갔다.

새단어

부자
짐
옮기다
어리석다
태우다

Q 사람들은 부자를 보면서 뭐라고 했나요?

당나귀를 바꿔 타는 부자

Track 02-3

어느 마을 입구에 할아버지, 할머니들이 둘러앉아 이야기를 나누고 있었다. 할아버지, 할머니들은 당나귀를 타고 있는 아들과 그 옆에서 땀을 흘리면서 끌고 가는 아버지를 봤다.

"아니, 아버지는 걷느라고⁺ 저렇게 힘들어하는데 아들이 당나귀를 타고 있네."

"아들만 편하게 가고 있네. 어떻게 저럴 수 있지? 요즘 애들은 정말 예의가 없어."

그 말을 들은 부자는 크게 당황했다.

"아버지, 제가 생각이 짧았어요. 정말 죄송해요. 아버지가 당나귀에 타고 가시는 게 좋겠어요."

새단어

둘러앉다
땀을 흘리다
예의
당황하다
생각이 짧다

Q 할아버지, 할머니의 말을 들은 부자는 어떻게 했나요?

사람들의 말대로 하는 부자

Track 02-4

"아들아, 미안하구나. 그럼 내가 타고 갈게."

이번에는 아버지가 당나귀에 타고 아들은 걸어서 갔다. 그렇게 한참을 걸었다. 시장에 도착하려면 아직도 더 가야 했다. 아들은 조금씩 **지쳐** 갔다.

"어머나, 세상에. 어린 아들을 걷게 하다니요.⁺"

옆을 **지나가던** 여자들이 부자를 보고 이렇게 말했다.

"아이의 얼굴을 좀 보세요. 너무 지쳐 보여요."

"저 작은 아이의 다리가 얼마나 아플까요?"

그 말을 들은 아버지는 아들을 당나귀에 태웠고 같이 당나귀를 타고 갔다. 얼마쯤 더 갔을 때 또 어떤 사람들의 말을 듣게 되었다.

"조그만 당나귀에 두 사람이나 타다니. 정말 나쁜 사람들이네요. 당나귀가 너무 **불쌍해요.**"

"저기요. 그렇게 가다가는⁺ 당나귀가 곧 죽을 거예요. **차라리** 당나귀를 들고 가는 게 어때요?"

새단어
지치다
지나가다
불쌍하다
차라리

Q 당나귀에 탄 부자를 보고 사람들은 뭐라고 했나요?

결국 당나귀를 잃은 부자

Track 02-5

사람들의 말을 들은 아버지와 아들은 당나귀를 들고 갔다. 시장에 **겨우** 도착했을 때 부자의 모습을 본 사람들은 또 **한마디**씩 했다.

당나귀는 사람들을 보고 무서워서 도망치려고 **발버둥을 쳤다**.

그러다 부자는 당나귀를 **놓쳤고** 당나귀는 강에 빠지고 말았다.

당나귀를 잃은 부자는 다른 사람의 말만 들은 것을 후회하면서 집으로 돌아갔다.

새단어

결국
겨우
한마디
발버둥을 치다
놓치다
무조건

누구에게나 어떤 문제가 생겼을 때 다른 사람들의 말을 듣게 되는 일이 있습니다. 하지만 다른 사람의 말을 듣고 **무조건** 그대로 하는 것보다 먼저 스스로 그 문제에 대해 깊게 생각해 보고, 방법을 찾는 게 좋겠지요?

Q 당나귀는 어떻게 되었나요?

정리해 보세요

1 다음 그림을 보고 이 글의 내용을 요약해 보세요.

2 이 이야기에서 마음에 드는 문장이 있습니까? 그 문장을 찾아 따라 써 보세요.

3 이 이야기를 읽고 느낀 점을 써 보세요.

공부해 보세요

동 -ㄴ/는다면서, 형 -다면서⁺ p.20

동사나 형용사와 함께 써서 다른 사람이 어떤 말을 하면서 어떤 말이나 행동을 함께 하는 것을 나타냅니다.

예) 유라는 날씨가 덥다면서 빙수를 먹으러 가자고 했다.
동생은 일찍 회사에 가야 한다면서 아침도 안 먹고 나갔어요.

▶ **친구가 자주 하는 말이 있습니까? 이 표현을 사용해서 써 보세요.**

제 친구는 돈이 없다면서 매일 비싼 커피를 사서 마셔요. 그 돈을 아끼면 다른 일을 할 수 있을 것 같아요.

동 -느라고⁺ p.22

앞에 오는 내용이 뒤에 오는 일의 이유나 원인이 됨을 나타냅니다.

예) 유라는 요즘 시험공부하느라고 바빠요.
청소하느라고 친구가 부르는 소리도 못 들었어요.

▶ **어떤 일을 못 한 적이 있습니까? 왜 못 했습니까? 이 표현을 사용해서 써 보세요.**

시험 기간인데 내가 좋아하는 배우가 나오는 드라마를 해서 그 드라마를 보느라고 시험공부를 열심히 못 했다.

▶ VIDEO 02

동 형 -다니(요)+ p.23

어떤 사실에 놀라서 다시 묻거나 감탄할 때 사용합니다.

예) 내 동생이 한국에서 제일 좋은 대학교에 입학하다니요.
갑자기 회사를 그만두다니요. 무슨 일 있어요?

▶ 생각하지 못했던 일 때문에 놀란 적이 있습니까? 이 표현을 사용해서 써 보세요.

얼마 전에 한국 드라마를 봤다. 그 드라마의 주인공은 거짓말로 가짜 인생을 살고 있었다. 거짓말을 그렇게 하는 사람이 있다니… 드라마지만 정말 놀랐다.

동 -다가는+ p.23

앞에 나오는 동사의 행동이 계속되면 부정적인 상황이나 결과가 생길 수 있다는 것을 나타냅니다.

예) 그렇게 매일 놀다가는 이번 시험에서 떨어질 수 있어요.
돈을 계속 낭비하다가는 후회하게 될 거예요.

▶ 안 좋은 일을 계속하는 친구가 있습니까? 이 표현을 사용해서 그 친구에게 조언을 해 주세요.

내 룸메이트 미미 씨, 밤에 휴대 전화를 너무 많이 보는 것 같아요. 그렇게 휴대 전화를 보다가는 눈이 나빠질 거예요. 조심하세요.

써 보세요

NOTE

1 주변의 평가 때문에 여러분의 행동이나 결정을 바꾼 적이 있습니까? 자신의 경험을 써 보세요.

2 다른 사람의 말에 지나치게 신경을 쓰는 것에 대해 어떻게 생각합니까? 자신의 의견을 써 보세요.

세 번째 이야기 3

성냥 파는 소녀

사랑과 관심을 나눠요

생각해 보세요

- 봉사활동을 해 본 적이 있습니까?
- 어려운 이웃을 어떻게 도울 수 있을까요?

성냥을 파는 소녀

Track 03-1

크리스마스를 앞둔 도시에는 크리스마스 분위기로 가득했다. 가게들은 화려하게 장식했고 크리스마스 노래도 여기저기에서 흘러나왔다. 거리의 골목길에는 맨발로 성냥을 파는 소녀가 있었다.

"성냥 사세요. 성냥 좀 사 주세요."

소녀는 팔기 위해 애를 썼지만 성냥을 사는 사람은 아무도 없었다.

'그냥 집으로 돌아갈까?'

하지만 집으로 돌아가면 아버지한테 혼날 게 뻔했다.⁺

'성냥을 다 팔기 전까지는 돌아갈 수 없어.'

새단어
성냥
앞두다
분위기
가득하다
장식하다
흘러나오다
맨발
애를 쓰다
혼나다

Q 소녀는 왜 집으로 돌아갈 수 없나요?

추위에 떠는 소녀

Track 03-2

소녀는 성냥을 팔기 위해 여기저기 돌아다녔지만 성냥을 사 주는 사람은 아무도 없었다.

소녀는 잠시라도 추위를 **피하기** 위해 성냥을 하나 켰다.

그러자 따뜻한 난로가 눈앞에 보였다. 하지만 따뜻한 난로는 진짜가 아니었다. 불이 **꺼지고** 따뜻한 난로는 **사라졌다.**

소녀는 성냥을 하나 다시 켰다. 이번에는 맛있는 음식과 멋진 크리스마스트리가 보였다. 크리스마스트리는 정말 화려하고 아름다웠다.

"정말 맛있겠다. 따뜻한 곳에서 맛있는 음식을 먹어 봤으면…."

하지만 성냥불이 꺼지고 음식도 사라졌다.

새단어
떨다
피하다
꺼지다
사라지다

Q 소녀가 성냥을 켰을 때 무엇을 봤나요?

할머니를 만난 소녀

Track 03-3

하늘에서 별이 **떨어졌다**.

"별이 떨어지면 누군가 **하늘나라**로 갔다는 말이야."

소녀는 별을 보면서 할머니가 해 주신 말을 생각했다.

'할머니, 하늘에서 별이 떨어졌어요. 누군가 하늘나라로 갔나 봐요. 오늘은 할머니가 더 보고 싶어요.'

소녀는 이런 생각을 하면서 다시 성냥을 켰다. 이번에는 소녀의 할머니가 나타났다. 할머니는 소녀를 가장 사랑해 주셨던+ 분이다. 소녀는 항상 자신을 **아껴** 주셨던 할머니가 너무나 **그리웠다**. 할머니와 **영원히** 함께하고 싶었다.

하지만 소녀는 성냥불이 꺼지면 할머니도 다시 볼 수 없을 것이라는 생각이 들었다. 소녀는 남은 성냥을 모두 **꺼내서** 불을 **붙였다**.

"할머니, 저는 다시 할머니를 잃고 싶지 않아요. 제발 가지 마세요."

할머니를 다시 **잃고** 싶지 않았던 소녀는 할머니를 절대 혼자 보내지 않을 거라고 생각했다.+

새단어

떨어지다
하늘나라
아끼다
그립다
영원히
꺼내다
붙이다
잃다

Q 하늘에서 별이 떨어지면 어떤 의미가 있다고 했나요?

할머니의 품에 안긴 소녀

Track 03-4

소녀는 성냥불 앞에서 할머니의 따뜻한 **품**에 **안겨** 있었다. 이 순간이 영원하기를 **바랐다**.

하지만 소녀의 마음과 달리 성냥불은 점점 꺼져 갔다. 할머니도 점점 사라지고 있었다.

"할머니! 제발 저와 함께 있어 주세요. 저를 두고 가지 마세요."

할머니는 말없이 따뜻한 **미소만 짓고** 있었다. 소녀는 할머니의 품에 안겼다.

"할머니, 저도 데려가 주세요."

새단어

품
안기다
바라다
미소 짓다

Q 소녀는 할머니에게 어떤 부탁을 했나요?

하늘나라로 간 소논

Track 03-5

다음 날 아침, 사람들은 **쓰러져** 있는 소녀를 **발견했다**. 소녀의 몸에는 차가운 눈이 가득 **쌓여** 있었지만 소녀는 따뜻한 미소를 짓고 있었다. 그리고 소녀의 옆에는 다 타 버린 성냥이 여기저기 놓여 있었다. 사람들은 **안타까워하면서** 소녀를 도와주지 않은 것을 **후회했다**.

새단어

쓰러지다
발견하다
쌓이다
안타까워하다
후회하다

소녀는 현실에서는 다른 사람의 도움을 받지 못했지만 꿈속에서 따뜻함과 사랑을 느꼈을 것입니다. 현실의 상황이 아무리 어려워도 꿈과 희망을 잃지 말라는 작가의 뜻이 아닐까요?
여러분도 현실이 힘들고 어려워서 도망가고 싶을 때가 있나요? 어떤 상황에서도 희망을 잃지 않는다면+ 힘든 상황을 잘 이겨낼 수 있을 것입니다.

Q 소녀는 결국 어떻게 되었나요?

정리해 보세요

1 다음 그림을 보고 이 글의 내용을 요약해 보세요.

2 마지막에 소녀는 왜 미소를 짓고 있었을까요?

3 이 이야기를 읽고 느낀 점을 써 보세요.

공부해 보세요

동 형 -(으)ㄹ 게 뻔하다+ p.30

동사, 형용사가 나타내는 부정적인 상황이나 부정적인 결과가 나타날 것이 거의 확실함을 의미합니다. 깊이 생각해 보지 않아도 결과를 알 수 있을 때 사용합니다.

예) 나리 씨는 자주 늦으니까 오늘도 수업에 늦을 게 뻔해요.
그 모임은 항상 재미없었으니까 이번 모임도 재미없을 게 뻔해요.

▶ **결과를 이미 알 수 있다고 생각했던 적이 있습니까? 이 표현을 사용해서 써 보세요.**

제가 응원하는 농구팀이 있는데 올해 잘 못하고 있어요. 오늘도 경기를 했는데 저는 안 봤지만 아마 졌을 게 뻔해요. 상대팀이 아주 잘하는 팀이에요.

동 형 -았던/었던+ p.32

동사나 형용사가 나타내는 상황이 과거에 시작해서 이미 끝났음을 회상하며 말할 때 사용합니다. 뒤에 나오는 명사를 꾸며 주는 표현입니다.

예) 지난주에 우리가 같이 먹었던 음식이 뭐였지요?
작년에 갔던 바다로 다시 여행을 가고 싶어요.

▶ **예전에 갔던 곳 중에서 가장 기억에 남는 곳이 있습니까? 이 표현을 사용해서 써 보세요.**

저는 바다를 좋아해서 바다에 자주 갔어요. 3년 전에 갔던 바다가 가장 기억에 남아요. 거기는 제주도였는데 정말 아름다웠어요.

VIDEO 03

동 -ㄴ/는다고 생각하다, 형 -다고 생각하다⁺ p.32

자신의 생각이나 의견을 표현할 때 사용합니다.

예) 저는 환경을 위해 작은 일이라도 꼭 실천해야 한다고 생각합니다.
저는 이 이야기의 소녀가 아주 열심히 살았다고 생각해요.

▶ 요즘 여러분 나라에서 문제가 되고 있는 일이 있습니까? 이 표현을 사용해서 여러분의 의견을 써 보세요.

요즘 카페에서 커피 한 잔을 주문하고 오랫동안 자신의 일을 하는 사람들이 많다고 한다. 카페에서 일하는 것은 좋지만 카페 사장님에게는 안 좋을 수 있다고 생각한다.

동 -ㄴ/는다면, 형 -다면⁺ p.34

어떤 사실이나 상황을 가정하여 표현할 때 사용합니다.

예) 우리 집 강아지와 이야기할 수 있다면 재미있을 것 같아요.
그 친구가 없다면 제 인생은 힘들 것 같아요.

▶ 만약 자신의 미래를 알 수 있다면 여러분은 어떻게 하겠습니까? 이 표현을 사용해서 써 보세요.

만약 미래를 볼 수 있다면 저는 20년 후를 보고 싶어요. 어떤 사람들과 함께하고 있는지 궁금해요.

써 보세요

NOTE

1 여러분이 이 소녀를 본다면 어떻게 했을까요? 성냥을 사 주는 것으로 소녀를 도와주겠습니까? 아니면 다른 방법을 찾아보겠습니까?

2 이 이야기가 쓰인 1900년대에는 산업화로 인해 아이들도 공장에서 노동을 하는 상황이 많았고 아이들의 인권이 존중받지 않는 일들도 많았다고 합니다. 아이들의 인권이 존중받지 못하는 상황은 요즘에도 있습니다. 그러한 사례를 찾아보고 자신의 의견을 자유롭게 써 보세요.

네 번째 이야기 4

흥부와 놀부

착하게 살면 복을 받아요

생각해 보세요

- 여러분은 형제나 자매가 있습니까? 형제나 자매처럼 가까운 친구가 있습니까?
- 가까운 사람에게 힘든 일이 생긴다면 어떻게 하겠습니까?

착한 흥부와 못된 놀부

Track 04-1

옛날 어느 마을에 흥부와 놀부 형제가 살았습니다.

형 놀부는 어려서부터 욕심이 많고 **못된** 사람이었습니다. 어릴 때 동네 사람들에게 못된 **장난**을 자주 해서 사람들은 놀부를 모두 싫어했습니다. **반면** 동생 흥부는 마음이 착하고 성실한 사람이었습니다.

놀부는 부모님이 살아계실 때는 동생을 잘 **챙기**는 척했습니다.[+]

그러던 어느 날, 부모님이 돌아가시자[+] 놀부는 부모님의 재산을 모두 **차지하고** 동생 흥부 가족을 **내쫓았습니다**.

흥부 가족들은 추운 겨울에 갈 곳이 없어 헤매다가 주인 없는 집을 발견하고 그 집에서 살게 되었습니다.

새단어

못되다
장난
반면
챙기다
차지하다
내쫓다

Q 흥부와 놀부는 어떤 사람인가요?

가난한 흥부

Track 04-2

흥부 부부에게는 아이들이 10명이나 있었습니다. 흥부는 가족들을 위해 매일 열심히 일했지만 생활은 늘 어려웠습니다. 아이들은 항상 배고프다고 했고, 입을 옷도 **넉넉하지** 않았습니다. 그래도 흥부는 웃음을 잃지 않고 열심히 살았습니다.

매일 열심히 일해도 먹을 것이 부족했던 흥부는 어느 날, 형 놀부를 찾아가서 먹을 것을 좀 나누어 달라고 부탁했습니다.

"형님, 우리 아이들이 먹을 것이 없어 **굶고** 있습니다. 쌀을 조금만 **나눠 주세요.**"

"아니, 내가 왜 먹을 것을 나눠 줘야 해? 내 집에 들어올 생각도 하지 마."

못된 놀부가 동생의 부탁을 들어줄 리 없었습니다.+ 놀부는 쌀을 나눠 주기는커녕+ 흥부를 집안으로 들어오지도 못하게 했습니다.

흥부는 그냥 집으로 돌아갈 수밖에 없었습니다. 집으로 돌아가는 흥부의 **발걸음은 무척 무거웠습니다.** 배가 고파 울고 있을 가족들을 생각하니 마음이 너무 아팠습니다.

새단어

넉넉하다
굶다
나눠 주다
발걸음이 무겁다
무척

Q 놀부는 흥부가 부탁했을 때 어떻게 했나요?

제비 다리를 고쳐 준 흥부

Track 04-3

새단어

자라다
부러지다
어쩌다가
박씨
끓이다
심다

추운 겨울이 지나고 따뜻한 봄이 왔습니다. 흥부의 집에 제비가 집을 지었습니다. 흥부가 자세히 보니 제비의 집에는 귀여운 아기 새들이 있었습니다. 흥부는 제비들이 잘 먹고 잘 **자라기**를 바랐습니다.

그러던 어느 날, 아기 제비 한 마리가 집 아래로 떨어져서 울고 있었습니다. 흥부가 보니 제비는 다리가 **부러져** 있었습니다.

"제비야, **어쩌다가** 이렇게 다리가 부러졌니? 조금만 참아."

착한 흥부는 제비의 다리를 고쳐 주었습니다.

다음 해 봄, 제비는 어디선가 **박씨**를 물고 와서 흥부에게 주었습니다. 먹을 것이 부족했던 흥부는 아이들에게 죽이라도 **끓여서** 먹이려고 박씨를 **심었**습니다.

Q 다친 제비를 본 흥부는 어떻게 했나요?

부자가 된 흥부

Track 04-4

흥부가 심은 박은 잘 자랐습니다. 흥부는 아이들에게 박을 먹이려고 박을 **잘랐습니다**.

흥부가 박을 자르자 그 안에서 **엄청난** 양의 금과 은, 쌀이 나왔습니다.

"제비가 우리 가족을 위해 선물을 주었구나. 제비야! 고맙다!"

흥부는 큰 부자가 되었습니다. 이 소식을 들은 놀부는 화가 나서 **견딜** 수 없었습니다. 놀부는 흥부처럼 하면 부자가 될 거라고 생각했습니다. 놀부는 제비를 잡아서 **일부러** 다리를 **부러뜨리고** 슬픈 척했습니다.

"아이고, 제비야. 아프겠구나. 내가 고쳐 줄게."

다리가 다 나은 제비는 박씨를 물어다 주었습니다.

놀부는 신이 나서 박씨를 얼른 심었습니다.

새단어
- 자르다
- 엄청나다
- 견디다
- 일부러
- 부러뜨리다

Q 부자가 된 흥부를 보고 놀부는 어떻게 했나요?

형을 돌봐주는 흥부

Track 04-5

어느새 박은 잘 자랐고 놀부도 박을 잘라 보았습니다. 그런데 그 박 안에서 **괴물**들이 나타나 집을 모두 **부수기** 시작했습니다. 결국 놀부는 자신의 재산을 모두 잃고 말았습니다.

이 소식을 들은 흥부는 놀부에게 자신의 재산을 나누어 주고 형을 돌봐주었습니다. 이런 흥부의 모습을 본 놀부는 자신의 삶을 후회하고 **반성하였습니다.**

그 후 흥부와 놀부는 서로를 아끼면서 행복하게 살았습니다.

새단어
어느새
괴물
부수다
반성하다

착하게 살면 언젠가 복을 받는 법입니다. 흥부의 인생은 힘들었지만 착한 마음을 잃지 않고 산 덕분에 행복하게 살 수 있었습니다.

Q 자신을 도와준 흥부를 보면서 놀부는 어떻게 했나요?

정리해 보세요

1 다음 그림을 보고 이 글의 내용을 요약해 보세요.

2 이 이야기에서 기억에 남는 장면을 써 보세요.

3 이 이야기를 읽고 느낀 점을 써 보세요.

공부해 보세요

동 -ㄴ/는 척하다, 형 -(으)ㄴ 척하다+ p.40

실제로는 그렇지 않지만 그런 것처럼 꾸며서 말하거나 행동함을 나타냅니다.

예) 학교에 가기 싫어서 배가 아픈 척했어요.
그 책을 안 읽었지만 친구들 앞에서 다 읽은 척했어요.

▶ 어떤 일을 알지만 모르는 척한 적이 있습니까? 이 표현을 사용해서 써 보세요.

친구 두 명이 사귄다는 사실을 알고 있었지만 두 사람이 부끄러워할 것 같아서 모르는 척했어요.

동 -자+ p.40

앞에 나오는 동작이 끝나고 뒤의 동작이 일어남을 나타내거나 앞에 나오는 내용이 뒤에 나오는 내용의 원인이나 동기가 됨을 나타냅니다.

예) 유라가 울자 다른 친구들도 모두 따라 울기 시작했다.
그 가수가 노래를 시작하자 관객들은 모두 조용해졌다.

▶ 최근에 일어난 일 중에 기억에 남는 일이 있습니까? 이 표현을 사용해서 써 보세요.

아침에 학교에 가려고 엘리베이터를 탔다. 문이 열리자 큰 개 한 마리가 탔는데 큰 개였지만 귀여웠다.

▶ VIDEO 04

동 -(으)ㄹ 리가 없다⁺ p.41

앞의 내용이 생길 가능성이 없다는 의미를 나타냅니다.

예) 흥부는 착한 사람이니까 거짓말을 했을 리가 없어요.
놀부는 못된 사람인데 갑자기 착해졌을 리가 없어요.

▶ **가능성이 없다고 생각하는 일이 있습니까? 이 표현을 사용해서 써 보세요.**

저는 열심히 공부를 안 해서 그 시험에서 좋은 점수를 받을 리가 없다고 생각했어요. 그런데 점수가 아주 나쁘지 않아서 다행이라고 생각했어요.

동 형 -기는커녕⁺ p.41

앞에 오는 내용을 강조하여 부정할 때 사용합니다. 명사 뒤에서는 '은/는커녕'의 형태로 사용합니다.

예) 오늘 너무 바빠서 밥을 먹기는커녕 커피도 한 잔 못 마셨다.
나는 돈이 없는 학생이라서 차는커녕 자전거도 못 살 것 같다.

▶ **너무 아파서 힘들었던 적이 있습니까? 어떻게 했습니까? 이 표현을 사용해서 써 보세요.**

지난달에 감기에 걸렸는데 목이 붓고 아파서 밥은커녕 물도 못 먹었어요. 그때 룸메이트가 따뜻한 차를 줘서 그걸 먹고 조금 괜찮아졌어요.

써 보세요

NOTE

1 여러분이 이 글을 쓴 작가라면 이야기의 마지막을 어떻게 쓰겠습니까? 상상해서 써 보세요.

2 이 이야기는 한국 사람은 누구나 알고 있는 유명한 옛날이야기입니다. 동화책은 물론 연극으로도 만들어졌습니다. 여러분 나라에서 가장 유명한 옛날이야기는 무엇입니까? 간단히 소개해 보세요.

다섯 번째 이야기

5

개미와 베짱이

미리미리 준비해요!

생각해 보세요

- 여러분은 미리 계획하고 준비하는 편입니까?
- 언제 계획하고 준비합니까?

열심히 일하는 개미

Track 05-1

가만히 있어도 땀이 흐를 정도로 더운 여름, 시원한 곳에서 편히 쉬면 좋을 것 같은 그런 날이었다.

개미는 이렇게 더운 여름날에도 쉬지 않고 열심히 일을 했다.

"여름이 지나면 가을이 오고, 금방 겨울이 올 거야. 겨울이 오면 일을 하고 싶어도 할 수 없어. 지금 열심히 일을 해야+ 추운 겨울을 잘 보낼 수 있어."

개미는 이렇게 말하면서 쉬지 않고 열심히 일했다.

개미들이 열심히 겨울에 먹을 음식을 **모으는** 동안 **베짱이**는 시원한 나무에 앉아서 노래를 부르고 있었다.

새단어
개미
모으다
베짱이

Q 개미는 왜 여름에도 열심히 일을 한다고 했나요?

여름을 즐기는 베짱이

Track 05-2

새단어
지켜보다
대비하다
비웃다

열심히 일하는 개미들을 **지켜보던** 베짱이는 개미들이 왜 이렇게 열심히 일하는지 궁금해졌다.

"너무 덥지 않아? 왜 이렇게 열심히 일하는 거야? 좀 쉬면서 일해."

"지금 일하지 않으면 겨울에 힘들어질 텐데.⁺ 열심히 겨울을 **대비해야지**. 너도 가만히 있지 말고 어서 일해."

"무슨 소리야! 이렇게 더울 때는 시원한 곳에서 쉬어야 돼. 먹을 것은 나중에 모아도 돼."

"나중에 후회하지 마."

"걱정하지 마. 후회할 일 없어. 나는 지금 노래하면서 쉴 거야."

베짱이는 열심히 일하는 개미를 **비웃었다**. 그리고 계속해서 노래를 불렀다.

"이렇게 더운 여름에 일을 한다고? 개미들은 정말 이상해. 날씨가 더운데 어떻게 일을 해? 더우니까 쉬어야지."

베짱이는 개미의 충고에도 계속 놀기만 했다.

Q 베짱이는 무엇을 하고 있었나요?

가을에도 놀기만 하는 베짱이

Track 05-3

뜨거운 여름이 지나고 가을이 왔다.

바람이 불어서 날씨는 시원해졌고 하늘도 맑았다.

"와! 하늘이 정말 맑고 깨끗하네. 날씨 정말 좋다!"

베짱이는 맑은 하늘을 보면서 아름다운 경치에 **감탄했다**. 그리고 아름다운 자연에 대한 노래를 불렀다.

개미는 날씨가 시원해서 일하기 더 좋아졌다고 생각하면서 **여전히** 열심히 겨울에 먹을 음식을 모았다.

그렇게 열심히 일했으니 겨울에 먹을 것이 **부족하지** 않을 것 같았지만 개미는 일하는 것을 **멈추지** 않았다. 베짱이는 그런 개미를 **무시했다**.

새단어

감탄하다
여전히
부족하다
멈추다
무시하다

Q 가을이 되고 베짱이는 무엇을 했나요?

겨울을 따뜻하게 보내는 개미

Track 05-4

가을이 지나고 추운 겨울이 되었다. 날씨가 추워지자 나무 **열매**도 떨어지고, 먹을 것은 없어지기 시작했다.

여름 동안 열심히 일했던 개미는 먹을 것을 걱정할 필요가 없었다. 개미의 가족들이 먹을 음식이 **충분했기** 때문이다. 개미는 따뜻한 집에서 그동안 모아 둔 음식을 먹으면서 겨울을 따뜻하게 보내고 있었다.

반면 베짱이는 먹을 것이 없어서 굶는 날이 많아졌다.

"아이고, 춥고 배고파. 여름에 일을 좀 할 걸 그랬네.*"

베짱이는 그동안 놀기만 한 것을 후회했다.

새단어

열매
충분하다

Q 개미는 겨울을 어떻게 보내고 있나요?

개미를 찾아간 베짱이

Track 05-5

새단어

거절하다

너무 춥고 배가 고팠던 베짱이는 개미를 찾아가 먹을 것을 나누어 달라고 부탁했다.

"여름에 우리를 보면서 비웃었잖아. 겨울을 대비해서 열심히 일하라는 말을 들었어야지."

"노래를 부르며 노느라 그럴 시간이 없었어."

"맞아. 노래를 불렀지? 그럼 이제 춤을 추면 되겠네."

개미는 이렇게 말하면서 베짱이의 부탁을 **거절했다**.

인생은 끝을 알 수 없는 드라마와 같습니다. 누구나 자신의 인생에 어떤 일이 일어날지 모르기 마련이죠.+ 그러니 미리미리 준비해야겠죠?

Q 개미는 베짱이의 부탁을 어떻게 했나요?

정리해 보세요

1 다음 그림을 보고 이 글의 내용을 요약해 보세요.

2 이 이야기의 베짱이에게 하고 싶은 말이 있습니까?

3 이 이야기를 읽고 느낀 점을 써 보세요.

공부해 보세요

동 형 -아야/어야+ p.50

앞의 내용이 뒤의 내용의 필수적인 조건임을 나타냅니다.

예) 아침에 일찍 일어나야 회사에 지각하지 않을 거예요.
일을 하기 전에 잘 생각해야 실수를 안 할 수 있다.

▶ 어떤 일을 할 때 꼭 필요한 조건이 있습니까? 이 표현을 사용해서 써 보세요.

여행을 할 때 미리 준비해야 더 재미있게 여행할 수 있어요. 그래서 저는 항상 여행을 하기 전에 계획을 잘 세워요.

동 형 -(으)ㄹ 텐데+ p.51

어떤 일에 대해 추측하며 그와 관련된 내용을 말할 때 사용합니다.

예) 그 책은 좀 어려울 텐데 다른 책으로 공부하는 게 어때요?
수업 끝나고 바로 오느라 식사도 못 했을 텐데 식사 먼저 하세요.

▶ 어떤 일에 대해 추측하거나 걱정한 적이 있습니까? 이 표현을 사용해서 써 보세요.

언니가 회사에 취직했어요. 일하느라 힘들 텐데 저를 먼저 걱정해 줘요. 언니는 정말 좋은 사람이에요.

▶ VIDEO 05

동 -(으)ㄹ 걸 그랬다+ p.53

어떤 일에 대해 후회하거나 아쉬워함을 나타냅니다.

예) 이번 시험을 잘 못 봤어요. 좀 더 열심히 공부할 걸 그랬어요.
백화점에 갔는데 문을 닫았어요. 일찍 갈 걸 그랬어요.

▶ 후회하거나 아쉬웠던 일이 있습니까? 이 표현을 사용해서 써 보세요.

어젯밤에 친구를 만나서 술을 마셨어요. 아침에 일어났는데 머리가 너무 아팠어요. 술을 마시지 말 걸 그랬어요.

동 형 -기 마련이다+ p.54

어떤 일이 생기거나 어떤 상태가 되는 것이 당연함을 나타낼 때 사용합니다.

예) 누구나 처음에는 실수하기 마련이에요.
열심히 노력하면 성공하기 마련이에요.

▶ 어떤 일이 생기는 것이 당연하다고 생각한 적이 있습니까? 이 표현을 사용해서 써 보세요.

얼마 전에 너무 힘든 일이 있었는데 친구가 시간이 지나면 다 잊기 마련이라고 말해 줬다. 그 말이 위로가 많이 되었다.

써 보세요

NOTE

1 이 이야기의 개미처럼 여름에 열심히 일해야 하는 이유는 무엇이라고 생각합니까? 만약 여름에 열심히 일하지 않았다면 겨울을 어떻게 보낼 수 있을까요?

2 이 이야기는 한국에서는 '개미와 베짱이'로 전해지고 있지만 '개미와 매미'로 전해지기도 합니다. 이야기 속의 '매미'나 '베짱이'는 게으르고 놀기 좋아하는 것으로 그려지고 있습니다. 만약 베짱이가 열심히 일하고, 개미가 노래를 부르면서 놀았다면 이야기는 어떻게 달라졌을까요? 상상해서 써 보세요.

여섯 번째 이야기

6

미운 아기 오리

누구에게나 잠재력이 있어요!

생각해 보세요

- 여러분은 다른 사람과 다르다고 생각해 본 적이 있습니까? 그럴 때 어떻게 했습니까?
- 여러분은 힘든 일이 생겼을 때 어떻게 해결합니까?

아기 오리의 탄생

Track 06-1

따뜻한 어느 봄날, 엄마 오리는 곧 **태어날** 아기들을 기다리며⁺ **알을 품고** 있었습니다.

오랜 기다림 끝에 귀여운 아기 오리들이 하나둘 태어났습니다. 엄마 오리는 행복한 미소를 지으며 태어난 아기 오리들을 **돌봤습니다**. 그런데 아직 커다란 알 하나가 남아 있었습니다. 엄마 오리는 그 알에서는 어떤 아기가 태어날까 기다리며 알을 품었습니다.

그런데 그 알에서 태어난 것은 자신을 **닮은** 예쁜 오리가 아니라 못생기고 까만 아기 오리였습니다. 엄마 오리는 너무 놀란 나머지⁺ 아무 말도 할 수 없었습니다.

새단어

탄생
태어나다
알을 품다
돌보다
닮다

Q 아기를 기다린 엄마 오리는 왜 놀랐나요?

괴롭힘을 당하는 아기 오리

Track 06-2

엄마 오리는 아기 오리들을 **정성껏** 돌봤습니다. 아기 오리들도 엄마의 곁에서 행복하게 지냈습니다. 하지만 미운 아기 오리는 형제들과 다른 **외모**로 인해 **괴롭힘을 당하**기 일쑤였습니다.*

"넌 우리랑 다르게 생겼어. 따라오지 마."

"맞아. 널 우리 가족으로 **받아들일** 수 없어."

형제들의 말은 미운 아기 오리의 마음을 아프게 했고, 결국 미운 아기 오리는 가족의 **곁**을 떠나기로 마음을 먹게 되었습니다.

새단어

정성껏
외모
괴롭힘을 당하다
받아들이다
곁

Q 미운 아기 오리는 왜 가족의 곁을 떠나기로 했나요?

혼자 여기저기 떠도는 아기 오리

Track 06-3

미운 아기 오리는 가족의 곁을 떠나서 혼자 여기저기 **떠돌아다니게** 되었습니다.

계절은 바뀌어 추운 겨울이 **다가오고** 있었습니다. 추위에 떨며 여기저기 **헤매던** 아기 오리는 **숲속**에 있는 어느 할머니 집에 가게 되었습니다. 할머니는 아기 오리가 **알을 낳을** 수 있을 거라고 생각하고 할머니의 집에서 지내게 해 주었습니다.

하지만 여기에서도 미운 아기 오리는 다른 동물들에게 괴롭힘을 당했습니다.

"여기는 우리 할머니 집이야. 너는 당장 나가."

할머니 집에 있던 동물들은 아기 오리를 **쫓아내려고** 했습니다.

동물들은 힘없는 아기 오리를 계속 **괴롭혔습니다**. 결국 할머니의 집에서도 나오게 된 아기 오리는 아무 계획 없이 계속 걷기만 했습니다.

"나는 갈 곳도 없고, 친구도 없네. 어디로 가야 할지 모르겠어."

아기 오리는 너무나 외롭고 쓸쓸했습니다.

새단어

떠돌아다니다
다가오다
헤매다
숲속
알을 낳다
쫓아내다
괴롭히다

Q 미운 아기 오리는 왜 할머니의 집에서 나오게 됐나요?

백조를 본 아기 오리

Track 06-4

그러던 어느 날, 아기 오리는 하늘을 **멋지게** 나는 **백조**를 보게 되었습니다.

"나도 저 새처럼 아름다운 모습으로 태어났더라면⁺ 좋았을 텐데."

아기 오리는 아름다운 백조를 **부러워하며** 계속 **바라보았습니다**.

계절은 어느새 겨울이 되었고 아기 오리는 추위에 떨며 지쳐 갔습니다. 그때 한 농부가 우연히 아기 오리를 발견하고 집으로 데리고 갔습니다. 농부의 가족들은 불쌍한 아기 오리를 잘 보살펴 주었습니다. 농부의 아이들은 아기 오리를 안아 주려고 했습니다. 하지만 아기 오리는 아이들이 자신을 괴롭히는 줄 알고 그곳에서 **도망쳐** 버렸습니다.

새단어

백조
멋지다
부러워하다
바라보다
도망치다

Q 미운 아기 오리는 백조를 보고 무슨 생각을 했나요?

백조가 된 아기 오리

Track 06-5

아기 오리는 갈 곳 없이 추운 겨울을 보내야 했습니다. 아기 오리는 추운 겨울을 힘들게 **버텼습니다**. 추운 겨울이 지나고 따뜻한 봄이 되었습니다.

아기 오리도 따뜻한 봄을 느끼며 **날개**를 **움직여** 보았습니다. 그때 아기 오리는 하늘로 가볍게 **날아올랐습니다**. 하늘을 나는 자신에게 놀란 아기 오리는 호수에 **비친** 자신의 모습을 보고 또 한 번 놀랐습니다. 자신은 이제 미운 아기 오리가 아니라 멋있는 백조였기 때문입니다.

새단어

버티다
날개
움직이다
날아오르다
비치다

추운 겨울이 지나면 따뜻한 봄이 오기 마련이죠?
인생에도 추운 시기가 있습니다. 춥다고 방 안에만 있기보다는 밖으로 나가 추위를 즐기는 건 어떨까요? 언젠가 따뜻한 봄이 올 테니까요.

Q 미운 아기 오리는 어떻게 변했나요?

정리해 보세요

1 다음 그림을 보고 이 글의 내용을 요약해 보세요.

2 이 이야기에서 마음에 드는 문장이 있습니까? 그 문장을 찾아 따라 써 보세요.

3 이 이야기를 읽고 느낀 점을 써 보세요.

공부해 보세요

동 형 -(으)며⁺ p.60

두 가지 이상의 동작이나 상태가 함께 일어남을 나타냅니다.

예) 친구와 커피를 마시며 이야기했다.
내 친구는 항상 웃으며 인사한다.

▶ 여러분의 장점은 무엇입니까? 이 표현을 사용해서 자신의 장점을 써 보세요.

저는 성실하며 다른 사람을 잘 배려한다는 말을 많이 들었습니다. 그게 제 장점이라고 생각합니다.

동 -(으)ㄴ 나머지⁺ p.60

앞의 내용이 원인이 되어 어떤 결과가 생겼음을 나타냅니다.

예) 어제 너무 피곤한 나머지 화장도 못 지우고 잤다.
친구의 사고 소식에 너무 충격을 받은 나머지 아무 말도 할 수 없었다.

▶ 힘들었던 적이 있습니까? 이 표현을 사용해서 힘들었던 상황에 대해 써 보세요.

고등학생 때 가장 친한 친구가 갑자기 이사를 가 버렸다. 나는 인사도 안 하고 떠난 친구에게 화가 난 나머지 몇 달 동안 연락을 안 했다. 그때 정말 힘들었다.

▶ VIDEO 06

동 -기 일쑤이다⁺ p.61

앞의 상황이 매우 자주 있음을 나타내는데 주로 부정적인 상황에서 사용합니다.

예) 내 동생은 아침에 안 깨우면 늦잠을 자기 일쑤예요.
서두르다 보면 넘어지기 일쑤이다.

▶ 친구나 가족이 자주 하는 실수가 있습니까? 이 표현을 사용해서 친구나 가족이 자주 하는 실수에 대해 써 보세요.

제 동생은 아침에 깨워 주지 않으면 못 일어나요. 그래서 고등학교 때는 지각을 하기 일쑤였어요.

동 형 -았더라면/었더라면⁺ p.63

과거의 사실을 가정하는 표현으로 이미 일어난 일에 대한 후회나 아쉬움을 나타낼 때, 다행이라고 생각할 때 사용합니다.

예) 그때 화를 내지 않았더라면 동생과 싸우지 않았을 거예요.
좀 더 열심히 공부했더라면 시험을 잘 봤을 텐데.

▶ 다행이라고 생각하는 일이 있습니까? 이 표현을 사용해서 써 보세요.

제가 한국어를 처음 공부했을 때 좋은 친구를 만났어요. 그 친구를 못 만났더라면 한국 생활이 힘들었을 거예요.

써 보세요

NOTE

1 '미운 아기 오리'는 자신의 잠재력과 가능성을 알지 못한 채 백조를 부러워했습니다. 여러분이 미운 아기 오리의 좋은 친구라면 미운 아기 오리에게 어떤 말을 해 주고 싶습니까?

2 이 이야기를 쓴 '안데르센(Hans Christian Andersen)'은 덴마크의 유명한 작가입니다. 안데르센은 가난한 환경에 힘든 어린 시절을 보냈지만 1843년 '미운 아기 오리' 이야기로 큰 성공을 이루고 다양한 글을 썼다고 합니다. 안데르센이 쓴 다른 동화를 찾아 소개해 보세요.

일곱 번째 이야기 7

효녀 심청

효는 한국의 문화예요!

생각해 보세요

- 감사하다고 말하고 싶은 사람은 누구입니까?
- 감사하는 마음이나 사랑하는 마음을 어떻게 표현합니까?

아버지 대신 일하는 심청

Track 07-1

옛날 어느 마을에 '심학규'라는 사람이 어린 심청과 **단** 둘이 살았다. 심청의 어머니는 심청이 태어나자마자 병에 걸려 하늘나라로 떠났다. 심청의 아버지 심학규는 앞을 볼 수 없었지만 어린 심청을 열심히 키웠다. 심청은 몸이 불편한 아버지를 **대신해서** 어릴 때부터 여러 일을 하면서 돈을 벌기 위해 노력했다.

어느 날, 마을의 다른 집에 일을 하러 간 심청이 밤이 늦도록+ 오지 않자 심청의 아버지는 심청이 걱정되어 **마중**을 나갔다. 하지만 밖은 어둡고, 앞을 볼 수 없는 심청의 아버지에게 위험하기만 했다. 심청의 아버지는 심청이 오기를 기다리며 걷다가 마을에 있는 작은 **개천**에 빠지고 말았다.

"살려 주세요. 살려 주세요."

새단어
- 단
- 대신하다
- 마중
- 개천

Q 심청은 왜 아버지를 대신해서 일을 했나요?

절에 공양하기로 한 심청의 아버지

Track 07-2

그때 지나가던 **스님**이 심청의 아버지의 소리를 듣고 구해 주었다.

"**부처님**께 쌀을 **공양하면** 눈을 뜰 수 있을 텐데."

스님은 심청의 아버지에게 이렇게 말했고 심청의 아버지는 눈을 뜨기 위해 쌀을 **바치겠다고** 약속을 했다. 하지만 가난한 심청의 집에 절에 공양할 정도의 쌀이 있을 리 만무했다.[+] 심청의 아버지는 **괜한** 약속을 했다면서 걱정을 했다.

그 사실을 안 심청은 아버지를 위해 쌀을 구하기로 마음을 먹고 여기저기 쌀을 구할 방법을 알아보았다. 하지만 많은 양의 쌀을 구할 방법은 없었다.

그러던 어느 날, 심청은 **뱃사람**들이 바다에 바칠 여자를 구한다는 소식을 듣게 됐다. 바다에 여자를 바치면 그 바닷길을 지나가기 쉽다는 것이었다. 심청은 그 이야기를 듣자마자 뱃사람들을 찾아갔다.

"제가 바다에 빠질 테니까 제게 쌀을 주세요. 부처님께 쌀을 바치면 우리 아버지가 눈을 뜰 수 있대요."

새단어

스님
부처님
공양하다
바치다
괜하다
뱃사람

Q 스님을 만난 심청의 아버지는 무슨 약속을 했나요?

인당수에 제물이 된 심청

Track 07-3

"어젯밤에 좋은 꿈을 꿨어. 좋은 일이 있을 모양이야.+"

"아버지, 제가 쌀을 구했어요. 그 꿈이 맞았나 봐요."

심청은 쌀을 받고 자신을 팔기로 한 사실을 아버지에게 숨긴 채 쌀을 구했으니 걱정하지 말라고 아버지를 **안심시켰다**.

바다로 떠나는 날, 심청은 아버지를 위해 맛있는 음식을 **차리고** 마지막 인사를 했다. 심청은 배를 타고 깊은 바다로 갔고 인당수라는 곳에 몸을 던졌다. 심청 덕분에 뱃사람들은 **무사히** 그 바닷길을 건널 수 있었다.

한편 심청의 **효심**에 감동한 바다의 왕은 심청을 구해 오라는 **명령**을 내렸고 심청은 연꽃배를 타고 다시 물 밖으로 돌아가게 되었다.

새단어
- 안심시키다
- 차리다
- 무사히
- 한편
- 효심
- 명령

Q 인당수에 빠진 심청은 어떻게 되었나요?

왕비가 된 심청

Track 07-4

심청이 탄 연꽃배는 왕의 **눈에 띄었다**. 왕은 아름다운 연꽃배를 보고 궁으로 옮기도록 하였고 그 안에서 나온 심청에게 **한눈에 반해** 결혼을 하게 되었다.

왕비가 된 심청은 행복했지만 걱정이 있었다. 바로 자신의 아버지가 눈을 뜨고 잘 계시는지 너무 걱정이 되었던 것이다. 그 사실을 알게 된 왕은 앞을 못 보는 사람을 위한 **잔치**를 열기로 하고 전국에서 앞을 볼 수 없는 사람들을 모두 궁으로 초대했다.

궁에서 잔치를 연다는 사실을 안 심청의 아버지도 그 잔치에 참석하기 위해 집을 나섰다. 하지만 심청의 집은 궁에서 멀었기에[+] 앞을 못 보는 심청의 아버지가 궁까지 가기는 쉽지 않았다.

새단어

눈에 띄다
한눈에 반하다
잔치

Q 아버지를 보고 싶어 하는 심청을 위해 왕은 어떻게 하였나요?

아버지를 다시 만난 심청

Track 07-5

심청은 아버지를 기다렸지만 아버지는 잔치가 끝나도록 오지 않았다. 심청이 슬퍼하고 있는 그때 심청의 아버지가 잔치 장소에 마지막으로 들어왔다. 심청은 아직 눈을 뜨지 못한 아버지를 보며 눈물을 흘렸다.

"아버지, 저 심청이에요. 왜 아직 눈을 뜨지 못하신 거예요?"

심청의 목소리를 들은 심청의 아버지는 딸을 다시 만난 기쁨에 눈을 떴다. 눈을 뜬 심청의 아버지와 심청은 궁에서 행복하게 **오래오래** 살았다.

새단어
오래오래
존재하다

우리는 부모님 덕분에 이 세상에 **존재합니다**. 부모님이 우리에게 많은 사랑을 주신 만큼 우리도 부모님을 잘 모셔야 한다는 한국의 효 문화를 볼 수 있는 이야기였지요?

Q 심청의 아버지는 언제 잔치에 왔나요?

정리해 보세요

1 다음 그림을 보고 이 글의 내용을 요약해 보세요.

2 이 이야기에서 기억에 남는 단어 3가지를 써 보세요.

3 이 이야기를 읽고 느낀 점을 써 보세요.

공부해 보세요

동 -도록+ p.70

앞에 오는 말이 뒤에 오는 말에 대한 목적, 결과, 정도임을 나타냅니다. 시간을 나타내는 말과 함께 쓰면 '어떤 시간이 될 때까지'의 의미가 있습니다.

예) 오늘 동생이 12시가 넘도록 집에 들어오지 않아서 부모님이 걱정하셨다.
이사 간 친구는 일 년이 다 되도록 연락을 하지 않았다.

▶ 오랜 시간이 걸렸지만 하지 못한 일이 있습니까? 이 표현을 사용해서 써 보세요.

세계여행을 하기 위해 이 년이 넘도록 아르바이트를 해서 돈을 모으고 있다. 하지만 아직 돈이 조금 부족하다. 조금 더 열심히 돈을 모아야겠다.

동 형 -(으)ㄹ 리 만무하다+ p.71

앞의 내용이 생길 가능성이 전혀 없을 때 사용합니다.

예) 내 동생은 취직도 못 했는데 집을 살 리 만무하다.
어린아이가 운전을 했다는 말을 들었는데 어린아이가 운전을 했을 리 만무하다.

▶ 가능성이 전혀 없다고 생각하는 일이 있습니까? 이 표현을 사용해서 써 보세요.

내 친구는 채식주의자이다. 그런데 그 친구가 고기를 먹었을 리 만무하다. 고기를 먹었다는 말은 헛소문일 것이다.

VIDEO 07

동 -ㄴ/는 모양이다, 형 -(으)ㄴ 모양이다⁺ p.72

다른 사실, 상황으로 볼 때 어떤 일이 일어나거나 어떤 상태라고 추측할 때 사용합니다.

예) 유라가 전화를 안 받는 걸 보니 무슨 일이 있는 모양이다.
날씨가 무척 습하고 더운 걸 보니 내일 비가 많이 올 모양이다.

▶ 주변 사람들에게 무슨 일이 있는 것 같습니까? 이 표현을 사용해서 추측해서 써 보세요.

제 룸메이트가 오늘 하루 종일 웃고 다녀요. 아마 좋은 일이 있는 모양이에요.

동 형 -기에⁺ p.73

뒤에 오는 말의 이유나 원인이나 근거를 나타낼 때 사용합니다.

예) 날씨가 추워지기에 외투를 챙겨서 나갔다.
길이 막히기에 지하철을 타고 가기로 했다.

▶ 지금 하는 일의 이유가 있습니까? 이 표현을 사용해서 써 보세요.

나는 요즘 아르바이트를 하고 있다. SNS로 상품을 홍보하는 일인데 생각보다 재미있기에 열심히 하고 있다.

써 보세요

NOTE

1 아버지를 위해 자신을 희생하는 결정을 한 심청에 대해 어떻게 생각합니까? 여러분이 심청이라면 심청과 같은 결정을 하겠습니까?

2 이 이야기는 한국의 효를 잘 보여 주고 있습니다. '효'는 한국에서 중요한 문화로 한국에서는 어릴 때부터 부모님께 효도해야 한다고 배웁니다. 여러분 나라에서는 부모님의 사랑과 은혜에 감사하기 위해 어떻게 하는지 써 보세요.

여덟 번째 이야기

8

은혜 갚은 독수리

받은 은혜를 갚아요

생각해 보세요

- 누군가에게 은혜를 받아서 그 은혜를 갚아야겠다고 생각한 적이 있습니까? 어떤 일이었습니까?
- 다른 사람을 도와준 적이 있습니까?

덫에 걸린 독수리

Track 08-1

큰 날개, 멋있는 **부리**를 가진 독수리 한 마리가 사람들이 **쳐놓은 덫에 걸리고** 말았습니다. 독수리는 덫에서 벗어나려고 발버둥을 쳐 봤지만 **소용이 없었습니다**. 독수리는 자신은 사람들의 손에 죽을 것이라고 생각하고 있었습니다.

그때 일을 마치고 집으로 돌아가던 농부가 덫에 걸린 독수리를 봤습니다.

"아니, 이렇게 **힘세고** 아름다운 독수리가 어쩌다가 덫에 걸린 거지? 내가 구해 줘야겠다."

농부는 평소에 독수리를 좋아했기에 덫에 걸린 독수리를 그냥 두고 갈 수 없었습니다.

새단어

독수리
부리
쳐놓다
덫에 걸리다
소용이 없다
힘세다

Q 농부는 독수리를 보고 어떻게 했나요?

독수리를 구해 준 농부

Track 08-2

농부는 독수리에게 걸려 있던 덫을 풀어 독수리를 구해 주기로 마음먹었습니다. 독수리는 처음에는 농부가 자신을 죽이려고 다가오는 줄 알고 농부를 **경계했**습니다.

"독수리야, 걱정하지 마. 널 도와주려고 그러는 거야."

진심은 통한다는 말처럼 독수리는 덫을 풀어 주려는 농부의 착한 마음을 **알아채고** 농부가 덫을 풀 수 있도록 가만히 있어 주었습니다. 덫을 푸는 것은 쉽지 않았습니다. 하지만 농부는 덫을 풀려고 애를 썼고 마침내 덫에서 풀려난 독수리는 다시 하늘로 날아올랐습니다. 그리고는 자신을 살려 줘서 고맙다는 듯이+ 농부의 머리 위를 몇 번 **맴돌**더니+ 멀리 날아갔습니다.

"잘 가! 다시는 이런 덫에 걸리지 마."

농부도 독수리에게 인사했습니다.

새단어

경계하다
알아채다
맴돌다

Q 덫에서 풀려난 독수리는 농부에게 어떻게 인사했나요?

돌담 아래에 앉아 있는 농부

Track 08-3

그 일이 있은 후 얼마 지나지 않은 어느 날이었습니다. 농부는 그날도 아침부터 일을 열심히 하고 있었습니다. 그날은 날씨가 너무 더워서 농부는 시원한 **그늘**을 찾아 **돌담** 아래에 앉아서 물을 마시고 있었습니다. 그런데 농부가 앉은 곳의 돌담은 **금세 무너질** 것 같았습니다. 농부는 그런 사실도 모른 채 돌담 아래에 앉아 잠시 쉬고 있었습니다.

그때였습니다. 하늘을 날던 독수리가 농부의 모습을 봤습니다.

"저 사람은 지난번에 날 구해 준 농부잖아. 돌담이 곧 무너질 것 같은데 내가 구해 줘야겠다."

독수리는 농부에게 날아가서 머리에 쓴 모자를 **낚아챘습니다**.

새단어

그늘
돌담
금세
무너지다
낚아채다

Q 농부는 일하다가 어디에서 쉬고 있었나요?

모자를 낚아채서 날아가는 독수리

Track 08-4

순식간에 모자를 잃어버린 농부는 독수리를 **쫓아갔습**니다.

"아니! 내 모자! 어서 돌려줘!"

농부는 독수리를 향해 **소리치며** 독수리를 따라갔습니다. 하지만 하늘을 **훨훨** 나는 독수리를 **따라잡을** 리 만무했습니다.

"너무 빨라서 잡으려야* 잡을 수가 없네."

농부는 더운 날씨에 땀을 뻘뻘 흘리며 독수리를 계속 따라갔습니다. 돌담에서 멀어진 것을 확인한 독수리는 모자를 떨어뜨렸습니다. 농부는 모자를 주워 다시 썼습니다.

"내가 예전에 구해 준 독수리인 것 같은데. 정말 나쁜 독수리네. 이런 **장난을 치다니**. 아이고, 힘들어."

새단어

쫓아가다
소리치다
훨훨
따라잡다
장난(을) 치다

Q 독수리는 농부의 모자를 어떻게 했나요?

은혜를 갚은 독수리

Track 08-5

모자를 다시 찾은 농부는 돌담이 있던 자리로 다시 돌아왔습니다. 그때였습니다. 농부가 앉아 있던 자리에 돌담이 무너졌습니다. 농부는 깜짝 놀랐습니다.

"세상에. 내가 앉아 있던 자리잖아. 돌담에 **깔려** 죽을 뻔했네.✦ 그래서 독수리가 모자를 가져간 거였구나."

독수리가 자신을 살려 주기 위해 일부러 모자를 가져간 것을 알게 된 농부는 **은혜를 갚은** 독수리에게 고마워하며 집으로 돌아갔습니다.

누군가에게 은혜를 받은 적이 있다면 그 은혜를 잊지 않아야겠지요? 자신의 은혜를 잊지 않은 독수리처럼요. 그리고 도움이 필요한 사람에게 따뜻한 마음을 **베푼다면** 아름다운 세상이 되지 않을까요?

새단어

깔리다
은혜
갚다
베풀다

Q 농부가 앉아 있던 돌담은 어떻게 되었나요?

정리해 보세요

1 다음 그림을 보고 이 글의 내용을 요약해 보세요.

2 여러분이 농부라면 덫에 걸린 독수리를 도와줬을까요?

3 이 이야기를 읽고 느낀 점을 써 보세요.

공부해 보세요

동 -ㄴ/는 듯(이), 형 -(으)ㄴ 듯(이)+ p.81

앞에 오는 내용을 추측함을 나타냅니다.

예) 유라는 오늘 무척 바쁜 듯이 서둘렀다.
그 선배는 영화에서 본 이야기를 사실인 듯 말했다.

▶ **여러분의 친한 친구는 요즘 어떻습니까? 이 표현을 사용해서 써 보세요.**

내 친구 유라는 요즘 아르바이트하느라 힘들 텐데 항상 아무 일도 없는 듯 웃으면서 생활한다. 정말 대단한 친구다.

동 형 -더니+ p.81

과거의 사실이나 상황에 이어 어떤 사실이나 상황이 일어남을 나타내거나 과거의 사실과 다른 사실이 있음을 나타냅니다.

예) 언니는 내 방에 들어오더니 내 책을 가져갔다.
아침에는 비가 오더니 지금은 하늘이 맑아요.

▶ **여러분이 알고 있는 일 중에 과거와 달라진 일이 있습니까? 이 표현을 사용해서 써 보세요.**

요즘 날씨가 정말 이상해요. 오늘 아침에는 비가 오더니 오후에는 맑아졌어요. 갑자기 비가 오다가 하늘이 맑아지는 날이 많아요.

▶ VIDEO 08

동 -(으)려야⁺ p.83

'-(으)려야 -(으)ㄹ 수 없다'의 형태로 써서 어떤 일을 할 의도가 있었지만 결국 할 수 없음을 나타냅니다. '-(으)ㄹ래야'로 발음하기도 합니다.

예) 이 책은 너무 어려워서 읽으려야 읽을 수 없어요.
룸메이트가 계속 말을 걸어서 공부를 하려야 할 수 없어요.

▶ **하려고 했지만 하지 못한 일이 있습니까? 이 표현을 사용해서 써 보세요.**

매일 운동을 하기로 결심했어요. 그런데 요즘 날씨가 너무 더워서 운동을 하려야 할 수 없어요. 조금 시원해지면 운동을 다시 하려고 해요.

동 -(으)ㄹ 뻔하다⁺ p.84

앞의 내용이 일어나지는 않았지만 거의 일어나기 바로 전까지였음을 나타낼 때 사용합니다.

예) 길이 너무 막혀서 약속 시간에 늦을 뻔했어요.
오늘 아침에 회사에 늦을 것 같아서 서두르다가 사고가 날 뻔했다.

▶ **사고가 날 뻔한 적이 있습니까? 이 표현을 사용해서 써 보세요.**

사고가 날 뻔한 적은 없지만 어렸을 때 친구하고 놀다가 물에 빠진 적이 있다. 친구하고 바다로 놀러 갔는데 거기에서 물에 빠져 죽을 뻔했다. 정말 무서운 경험이었다.

써 보세요

NOTE

1 이 이야기에는 은혜를 갚은 독수리가 나옵니다. 한국의 옛날이야기에는 호랑이가 은혜를 갚는 이야기가 많습니다. 여러분 나라에도 비슷한 이야기가 있습니까? 은혜를 갚은 이야기를 찾아서 소개해 보세요.

2 '결초보은'이라는 말이 있습니다. 이 말은 죽은 후에도 은혜를 잊지 않고 갚는다는 뜻입니다. 여러분 나라에도 이런 표현이 있으면 소개해 보세요.

아홉 번째 이야기

9

벌거벗은 임금

진실을 말하는 용기를 가져요

생각해 보세요

- 겉으로 보이는 아름다움과 마음의 아름다움 중에서 무엇이 더 중요하다고 생각합니까?
- 리더는 어떤 조건을 갖추어야 할까요?

옷에 관심이 많은 임금

Track 09-1

옛날 어느 나라에 옷을 입는 것에 관심이 많은 **임금**이 살았다. 그 임금은 나라의 일은 돌보지 않은 채 머릿속에는 항상 '오늘은 무슨 옷을 입을까?' 하는 생각뿐이었다.⁺

아침이 되면 입을 옷을 **고르느라** 시간을 보냈고 한 시간이 넘도록 옷을 고르지 못한 적도 많았다. **반짝반짝** 화려하고 아름다운 옷을 입고 **신하**들 앞에서 모델처럼 걸었다. 그러면 신하들은 **박수**를 치며 임금의 옷을 **칭찬했다**.

"세상에서 가장 멋있는 분이십니다."

"오늘 옷도 정말 잘 어울리십니다."

임금의 새 옷에 대한 욕심은 끝이 없었다.

새단어

임금
고르다
반짝반짝
신하
박수
칭찬하다

Q 신하들은 임금이 입은 옷을 보며 어떻게 했나요?

새 옷을 주문하는 임금

Track 09-2

새단어

아무래도
재단사
궁
기대하다

그러던 어느 날, 입을 옷을 고르려고 옷장을 보던 임금은 옷장 문을 닫으며 화를 냈다.

"오늘 입을 옷이 없네. **아무래도** 안 되겠어. 새 옷을 사야겠어."

임금은 아름다운 옷을 만드는 **재단사**를 구한다는 광고를 냈다. 그날 재단사 두 명이 **궁**으로 찾아왔다.

"임금님, 저희는 아주 아름답고 특별한 옷을 만들 수 있습니다. 세상에서 이렇게 아름다운 옷은 본 적이 없을 겁니다."

임금은 기뻐하며 그 재단사들에게 옷을 만들어 오라고 했다.

"그런데 임금님, 저희가 만드는 옷은 어리석은 사람 눈에는 보이지 않고 똑똑한 사람 눈에만 보이는 특별한 옷입니다. 그래서 좀 비쌉니다."

"돈은 얼마든지 있으니 당장 만들어 와라."

임금은 재단사들이 어떤 옷을 만들어 올지 **기대하며** 기다렸다.

Q 재단사들은 자신이 만드는 옷에 대해 어떻게 설명했나요?

보이지 않는 옷

Track 09-3

옷을 주문한 지 며칠이 지났다. 임금은 재단사가 말한 옷이 어떤 옷인지 궁금해서 견딜 수 없었다. 그래서 신하에게 옷이 어느 정도 만들어졌는지 **확인해** 오라고 했다.

신하들은 재단사의 옷 가게에 찾아갔다. 그런데 신하의 눈에 옷이 보이지 않았다. 재단사들은 옷을 만들고 있었지만 아무리 봐도 신하의 눈에는 옷이 보이지 않았다. 자신이 어리석다는 말을 듣고 싶지 않았던 신하는 옷이 아름답다고 칭찬을 한 뒤 임금에게 옷이 아주 아름답지만 아직 **완성되지** 않았다고 말했다.

며칠 뒤, 임금은 다른 신하에게 옷이 얼마나 만들어졌는지 보고 오라고 했다. 그 신하 눈에도 옷이 보일 리 만무했지만 신하는 옷이 거의 다 완성되었다고 말했다.

새단어
확인하다
완성되다

Q 재단사들이 만들고 있는 옷을 본 신하들은 임금에게 뭐라고 이야기했나요?

보이지 않는 옷을 입는 임금

Track 09-4

새단어
드디어
입히다

한 달 후, 재단사는 임금을 찾아왔다.

"임금님, 드디어 옷이 완성되었습니다. 보시다시피⁺ 이렇게 아름다운 옷은 세상에서 단 한 벌뿐입니다. 어떠십니까? 마음에 드십니까?"

임금은 사실 옷이 보이지 않았다. 하지만 옷이 안 보인다고 말하면 신하들이 자신을 어리석다고 생각할까 봐⁺ 아름답다고 칭찬했다.

"한번 입어 보세요."

재단사들은 옷을 들고 임금에게 입히는 것처럼 했다. 임금도 옷을 입는 것처럼 했다. 하지만 아무 느낌도 없었다. 임금은 눈에 보이지도 않고 아무 느낌도 없는 옷을 입었지만 거울을 보며 감탄했다.

Q 왜 임금은 보이지 않는 옷을 아름답다고 칭찬했나요?

웃음거리가 된 임금

Track 09-5

새 옷을 입은 임금은 거리로 나가 사람들 앞에 섰다. 사람들도 옷이 보이지 않았지만 그 누구도 옷이 보이지 않는다고 말하지 않았다. 그때 한 아이가 큰 소리로 말했다.

"임금님, 왜 옷을 입지 않고 나오셨어요?"

사람들은 아이의 말을 듣고 조용히 웃기 시작했다. **그제야** 임금과 신하들은 정말 옷이 없다는 사실을 알았다. 하지만 임금은 자신이 **옳다**는 것을 보이려는 듯이 계속 **거리**를 걸었다.

새단어

웃음거리
거리
그제야
옳다

많은 사람들이 진실을 말하지 못했을 때 아이는 용기 있게 자신이 할 말을 했습니다. 진실을 말하기 힘든 상황일지라도⁺ 진실을 말하는 용기를 가져야 하겠지요?

Q 옷을 입지 않은 채 거리로 나간 임금에게 사람들은 어떻게 했나요?

정리해 보세요

1 다음 그림을 보고 이 글의 내용을 요약해 보세요.

2 이 이야기에서 기억에 남는 장면은 무엇인지 써 보세요.

3 이 이야기를 읽고 느낀 점을 써 보세요.

공부해 보세요

명 뿐이다 + p.90

앞에 오는 말이 나타내는 것 이외에 다른 어떤 것도 없음을 나타냅니다. 동사나 형용사 뒤에서는 '-(으)ㄹ 뿐이다'의 형태로 표현합니다.

예) 부모님이 사고로 돌아가신 후 내게 가족은 동생뿐이다.
오랜만에 친구를 만나니 반가울 뿐이었다.

▶ 특별한 이유 없이 감사할 뿐이라고 말하고 싶은 사람이 있습니까? 이 표현을 사용해서 써 보세요.

제 부모님은 바쁘셔서 할머니가 저를 키워 주셨어요. 큰 사랑을 주신 할머니께 감사할 뿐이에요.

동 -다시피 + p.93

듣는 사람이 이미 알고 있는 것과 같음을 나타낼 때 사용합니다.

예) 여러분도 아시다시피 요즘 환경 문제가 심각합니다.
그래프에서 보시다시피 1인 가구가 계속 증가하고 있습니다.

▶ 어떤 사회 문제에 관심이 있습니까? 그래프나 사진을 찾아 써 보세요.

AI의 발달이 긍정적인 면도 있지만 딥페이크를 활용한 범죄 등 부정적인 부분도 있다고 생각합니다.
이 그래프에서 보시다시피 딥페이크 범죄가 증가한 것을 알 수 있습니다.

▶ VIDEO 09

동 형 -(으)ㄹ까 봐⁺ p.93

앞의 내용이 나타내는 상황이 될 것을 걱정함을 나타냅니다.

예) 오늘 아침에 조금 늦게 일어났는데 지하철을 놓칠까 봐 뛰어갔다.
시험은 끝났지만 시험에서 실수를 했을까 봐 걱정이 돼요.

▶ **어떤 일이 걱정되어서 미리 준비하는 편입니까? 이 표현을 사용해서 써 보세요.**

저는 비가 올까 봐 우산을 가지고 다녀요. 필요한 일이 있을까 봐 여러 가지 물건을 가지고 다녀요. 그래서 제 가방은 항상 무거워요.

동 형 -(으)ㄹ지라도⁺ p.94

어떤 상황을 가정하여 그와 관계없거나 반대의 상황을 나타낼 때 사용합니다.

예) 힘든 일이 있을지라도 포기하지 않고 끝까지 할 거예요.
시간이 부족할지라도 이번 일을 마무리해야 합니다.

▶ **힘들어서 포기하고 싶을 때가 있습니까? 이 표현을 사용해서 써 보세요.**

외국에서 생활하는 것은 쉽지 않다. 유학 생활을 포기하고 싶을 때가 있을지라도 끝까지 최선을 다하는 것이 중요하다고 생각한다.

써 보세요

NOTE

1 만약 신하들이나 임금이 옷이 안 보인다고 솔직하게 말했다면 이야기는 어떻게 달라졌을까요?

2 이 이야기는 진실을 말하는 용기를 잘 보여 주는 이야기입니다. 만약 사람들이 거짓말을 알면서 말하지 않거나 진실을 말하지 않는다면 어떤 일이 생길까요? 생각해서 써 보세요.

열 번째 이야기 10

토끼의 간

지혜롭게 해결해요

생각해 보세요

- 문제를 해결하기 위해 거짓말을 해야 한다면 여러분은 어떻게 하겠습니까?
- 누군가 노력을 많이 하지 않아도 성공할 수 있다고 한다면 그 사람에게 뭐라고 하겠습니까?

큰 병에 걸린 용왕

Track 10-1

새단어
용왕
간
육지

바다의 왕, **용왕**이 큰 병에 걸렸다. 어떤 약도 소용이 없었다.

"아무리 좋은 약을 써 봐도 소용이 없구나."

"용왕님, 토끼의 **간**을 드시면 이 병이 나을 수 있다고 합니다."

"토끼의 간이 좋다고? 먹어 보나 마나+ 소용이 없을 것 같은데."

하지만 너무 많이 아팠던 용왕은 결국 토끼의 간을 구해 오라는 명령을 내렸다. 그러나 바다 동물들이 **육지**에 사는 토끼의 간을 구해 오는 것은 쉬운 일이 아니었다. 그때 자라가 용기를 내어 이렇게 말했다.

"용왕님, 제가 육지로 올라가서 토끼의 간을 구해 오겠습니다."

용왕은 크게 기뻐하며 자라를 육지로 보냈다.

Q 왕의 병을 낫게 하려면 무엇을 먹어야 하나요?

토끼를 만난 자라

Track 10-2

자라는 힘들게 육지에 도착했다. 토끼를 본 적이 없는 자라는 여기저기 다니며 토끼를 찾아 헤맸다. 그러다가 숲 근처에서 자고 있는 토끼를 보고 토끼에게 **다가가** 이렇게 말했다.

"토끼야, 이렇게 숲에서 하루하루 심심하게 보내지 말고 나와 함께 **용궁**으로 가자. 용궁은 경치도 아름답거니와⁺ 먹을 것도 **풍부해**. 그리고 네가 같이 간다면 돈을 아주 많이 벌 수 있게 해 줄게."

자라의 말을 들은 토끼는 바닷속이 궁금하기도 했고 부자가 될 수 있다는 말에 자라를 따라가기로 했다. 육지에서 바다로 가는 길은 쉽지 않았다. 토끼는 자라의 **등**에 **업혀** 바다로 갔다.

새단어

다가가다
용궁
풍부하다
등
업히다

Q 토끼는 왜 자라를 따라 바다로 갔나요?

간을 육지에 놓고 왔다고 말하는 토끼

Track 10-3

용궁에 도착하자 용왕의 신하들은 토끼를 잡았다. 토끼는 부자가 되기는커녕 도둑처럼 잡히는 상황이 되니 **황당하기만** 했다.

"아니, 용궁에 오면 부자가 될 거라고 하더니 왜 이러는 거예요?"

"토끼야, 미안하다. 사실 우리 용왕님께서 큰 병에 걸리셨어. 그 병을 낫게 하려면 토끼 너의 간이 필요하다고 하는구나."

죽을 **위기에 처한** 토끼는 어떻게 하면 좋을지 생각했다. 그리고 한 가지 방법을 생각해 냈다.

"용왕님이 큰 병에 걸리셨다고요? 그럼 **진작** 말씀을 하시지요. 여기에 오기 전에 간을 빼서 깨끗하게 씻은 후에 잘 **숨겨** 두었어요."

"세상에 간을 뺄 수 있는 동물이 어디 있다는 말이야?"

"믿기 어렵겠지만 저는 간을 몸속에 넣었다가[+] 뺄 수 있어요. 지금 제 간은 아까 말씀 드린 대로 육지에 놓고 왔어요. 지금 다시 가서 간을 가져다 드릴게요. 못 믿으시겠다면 지금 저를 죽여서 간이 있는지 없는지 확인해 보세요. 만약 간이 없다면 다시 육지로 가서 저와 같은 토끼를 만나야 할 텐데 그게 쉽지 않겠지요?"

토끼는 용왕과 신하들을 **설득했다**.

새단어

황당하다
위기에 처하다
진작
숨기다
설득하다

Q 용왕에게 잡힌 토끼는 뭐라고 이야기했나요?

다시 숲으로 도망간 토끼

Track 10-4

용왕은 토끼의 말을 믿고 토끼를 다시 육지로 **돌려보내기로** 했다. 용왕은 토끼가 육지에 돌아간 후에 **도망가지** 못하게 하려고 자라와 함께 육지로 보냈다. 육지에 도착한 자라는 간을 어디에 숨겼는지 물었다. 토끼는 대답 대신 숲속으로 **달아났다**.

"어리석은 자라야! 간을 뺐다가 넣었다가 하는 동물이 세상에 어디 있겠니?"

토끼는 이렇게 **기지를 발휘하여** 위기에서 **벗어났다**. 한편 토끼의 빠른 걸음을 따라갈 수 없었던 자라는 그 자리에 **주저앉아** 울기만 했다.

새단어

돌려보내다
도망가다
달아나다
기지를 발휘하다
벗어나다
주저앉다

Q 육지에 도착한 토끼는 어떻게 했나요?

토끼를 잡지 못해 슬퍼하는 자라

Track 10-5

"아이고, 우리 용왕님은 이제 어떻게 하지?"

토끼를 잡지 못한 자라는 토끼가 도망간 자리에서 아무것도 못 한 채 슬퍼하기만 했다.

"그런 말을 믿다니. 정말 바보 같았어."

자라는 토끼의 말을 믿은 자신을 **자책하며** 후회했다. 숲속으로 도망간 토끼는 전처럼 육지에서 **자유롭게** 살아갔다.

새단어
자책하다
자유롭다
지혜롭다
침착함
순발력

죽을 위기에 처한 토끼는 당황하지 않고 **지혜롭게** 문제를 해결했습니다. 강한 상대를 만나더라도+ **침착함**을 잃지 않고 **순발력**을 발휘하면 문제를 잘 해결할 수 있을 것입니다.

Q 자라와 토끼는 결국 어떻게 되었나요?

정리해 보세요

1 다음 그림을 보고 이 글의 내용을 요약해 보세요.

2 이 이야기에서 기억에 남는 장면은 무엇인지 써 보세요.

3 이 이야기를 읽고 느낀 점을 써 보세요.

공부해 보세요

동 -(으)나 마나+ p.100

앞에 오는 말이 나타내는 일을 해도 하지 않아도 상황이 달라지지 않음을 나타냅니다. '-(으)나 마나예요' 형태로도 자주 말합니다.

예) 강아지를 키우는 내 친구는 집에 가면 보나 마나 방이 더러워져 있을 거라고 했다.
비가 너무 많이 와서 우산을 쓰나 마나예요.

▶ 해 보지 않아도 결과를 알 수 있다고 생각한 적 있습니까? 이 표현을 사용해서 써 보세요.

고등학생 때 시험이 너무 어려워서 공부하나 마나라고 생각했어요. 하지만 열심히 공부하니까 점수가 잘 나와서 포기하지 않는 것이 중요하다는 생각이 들었어요.

동 형 -거니와+ p.101

앞에 오는 내용을 인정하면서 그와 관련된 다른 사실도 있음을 예스럽게 나타낼 때 사용합니다.

예) 오이는 건강에도 좋거니와 맛도 좋다.
내가 좋아하는 가수는 노래 실력도 뛰어나거니와 춤도 잘 춘다.

▶ 요즘 관심이 있는 것이 있습니까? 이 표현을 사용해서 소개해 보세요.

최근 기후 변화에 관심이 많아졌다. 기온도 높아지고 있거니와 이상 기후 현상도 자주 나타나고 있다. 이런 기후 변화는 우리 인간 때문에 생기고 있으니 환경을 위해 작은 일부터 실천해야 한다.

VIDEO 10

동 -았다가/었다가⁺ p.102

앞의 상황이 끝난 후 반대되는 상황이나 다른 행동이 이어짐을 나타냅니다.

예) 컴퓨터가 안 되는 것 같은데 전원을 껐다가 다시 켜 봐.
모자를 썼다가 안 어울려서 벗었어요.

▶ 어떤 일을 했다가 다시 한 적이 있습니까? 이 표현을 사용해서 써 보세요.

어제 세일해서 티셔츠를 하나 샀어요. 집에 와서 보니 좀 작아서 환불하러 갔어요. 그런데 영수증을 안 가져가서 가게까지 갔다가 다시 집으로 왔어요.

동 형 -더라도⁺ p.104

어떤 상황을 가정하여 그와 관계없거나 영향을 주지 않음을 나타낼 때 사용합니다.

예) 비가 오더라도 이번 대회는 진행할 예정입니다.
내용이 좀 어렵더라도 도움이 되는 책을 읽는 것이 좋다.

▶ 꼭 지키고 싶은 약속이나 계획이 있습니까? 이 표현을 사용해서 써 보세요.

저는 나중에 취직하면 제가 돈이 좀 부족하더라도 부모님께 매달 용돈을 꼭 드릴 거예요. 저를 키우시느라 고생을 많이 하셨으니까요. 이건 제가 저와 하는 약속이에요.

써 보세요

NOTE

1 여러분이 '토끼'라면 어떻게 위기를 극복하겠습니까? '자라'라면 어떤 방법으로 토끼를 데려가겠습니까?

2 한국의 옛날이야기에서 토끼는 똑똑하고 지혜로운 동물로 나옵니다. 여러분 나라의 옛날이야기에서 토끼는 어떤 모습으로 나옵니까? 여러분 나라에도 '토끼의 간'과 비슷한 이야기가 있습니까? 여러분 나라의 옛날이야기와 비교해 보세요.

부록

어휘 목록

어휘 목록

단원	한국어	영어	일본어	중국어	베트남어
1	나무꾼	woodcutter	木こり	樵夫	người đốn củi
	가난하다	poor	貧しい	贫穷	nghèo
	정직하다	honest	正直だ	正直	trung thực
	성실하다	diligent	誠実だ	诚实	thành thật
	베다	cut down	切る	砍伐	cắt
	돈을 벌다	make money	お金を稼ぐ	赚钱	kiếm tiền
	불평	complaint	文句	不满、抱怨	lời phàn nàn
	풍족하다	comfortable	豊かだ	富足	dư giả
	평소	as usual	普段	平时	thường ngày
	연못	pond	池	池塘	ao sen
	도끼	axe	斧	斧头	cái rìu
	미끄러지다	slip from	滑る	滑落	trơn trượt
	빠뜨리다	drop into	落とす	掉进	làm rớt vào
	흘리다	shed (tears)	流す	流(眼泪)	rơi (nước mắt)
	엉엉	crying loudly	えんえん(泣く)	呜呜	(khóc) nức nở
	산신령	mountain spirit	山の神	山神	thần núi
	나타나다	appear	現れる	出现	xuất hiện
	지키다	protect	守る	守护	bảo vệ
	찾아보다	look for	探してみる	找找看	tìm kiếm
	들어가다	go into	入っていく	进入	đi vào
	금	gold	金	金	vàng
	화려하다	shiny	華やかだ	华丽	rực rỡ
	고개를 젓다	shake one's head	首を横に振る、否定する	摇头	lắc đầu
	낡다	old	古い	老旧	cũ
	감동을 받다	be touched	感動する	被……感动	bị cảm động
	가져가다	take	持っていく	拿走	lấy đi
	기쁘다	happy	嬉しい	开心	vui mừng
	모시다	take care of	仕える	侍奉	phụng dưỡng
	욕심을 부리다	be greedy	欲張る	贪心、起贪念	nổi lòng tham
	상황	situation	状況	情况	tình huống
	바르다	right / good	正しい	品行端正	đúng đắn

단원	한국어	영어	일본어	중국어	베트남어
2	당나귀	donkey	ロバ	毛驴	con lừa
	키우다	raise	飼う	养	nuôi
	마음을 먹다	make up one's mind	決心する	下定决心	quyết định
	끌다	lead	引く	牵、拉	kéo / dắt
	한참	for a long time	しばらく	好一会儿	một lúc lâu
	오손도손	happily	仲睦まじく	其乐融融地	thân thiện vui vẻ
	부자	father and son	金持ち	父子	hai cha con
	짐	load	荷物	行李	hành lý
	옮기다	move / carry	移す/運ぶ	搬运、移动	chuyển, mang
	어리석다	foolish / stupid	愚かだ	愚蠢、傻	ngốc nghếch
	태우다	put on	乗せる	让……骑上	đặt lên / cho cưỡi lên
	둘러앉다	sit around	輪になって座る	围坐在一起	ngồi xung quanh
	땀을 흘리다	sweat	汗をかく	流汗	đổ mồ hôi
	예의	manners	礼儀	礼貌	lễ nghĩa
	당황하다	be embarrassed	慌てる	慌张	bối rối
	생각이 짧다	thoughtless	軽率だ	考虑不周	suy nghĩ nông cạn
	지치다	get tired	疲れる	疲惫	kiệt sức
	지나가다	pass by	通り過ぎる	经过	đi ngang qua
	불쌍하다	feel sorry for	かわいそうだ	可怜	tội nghiệp
	차라리	rather	むしろ	倒不如	thà rằng...còn hơn
	결국	finally	結局	结果	cuối cùng
	겨우	barely	やっと	好不容易	gần như
	한마디	a word	一言	一句话	một câu nói
	발버둥을 치다	struggle to	地団太を踏む	拼命挣扎	vùng vẫy
	놓치다	lose	逃す	措施	trượt mất
	무조건	unconditionally	無条件	无条件	vô điều kiện
3	성냥	match	マッチ	火柴	que diêm
	앞두다	be coming up to	控える	临近	sắp đến trước mắt

어휘 목록

단원	한국어	영어	일본어	중국어	베트남어
3	분위기	mood / atmosphere	雰囲気	氛围	bầu không khí
	가득하다	full	いっぱいだ	充满	đầy ắp
	장식하다	decorate	飾る	装饰	trang trí
	흘러나오다	float out	流れ出る	传出	chảy ra
	맨발	barefoot	裸足	赤脚	chân trần
	애를 쓰다	try hard	努力する	费力	cố gắng
	혼나다	be scolded	怒られる	挨骂	bị mắng
	떨다	shiver	震える	发抖	run rẩy
	피하다	avoid	避ける	避开	tránh xa
	꺼지다	go out	消える	熄灭	bị tắt
	사라지다	disappear	消える、なくなる	消失	biến mất
	떨어지다	fall	落ちる	落下	rớt xuống
	하늘나라	heaven	天国	天堂	thiên đường
	아끼다	cherish	大切にする	珍惜	trân trọng
	그립다	miss	恋しい	想念	nhớ
	영원히	eternal	永遠だ	永恒	vĩnh viễn
	꺼내다	take out	取り出す	掏出	lấy ra
	붙이다	light	つける	点(火)	gắn
	잃다	lose / give up	失う	失去	mất đi
	품	arms / embrace	懐	怀抱	vòng tay
	안기다	be held	抱かれる	被抱在……	được ôm
	바라다	wish	望む	希望	mong ước
	미소 짓다	smile	微笑む	露出微笑	nở nụ cười
	쓰러지다	collapse	倒れる	晕倒	bị ngất
	발견하다	find	発見する	发现	phát hiện
	쌓이다	pile up	積み重なる	堆积	chồng chất
	안타까워하다	feel sorry	残念に思う	惋惜	cảm thấy tiếc thương
	후회하다	regret	後悔する	后悔	hối tiếc
4	못되다	mean	性格が悪い	坏、恶毒	xấu xa
	장난	prank / mischief	いたずら	玩笑	đùa giỡn / trêu chọc

단원	한국어	영어	일본어	중국어	베트남어
4	반면	on the other hand	一方	相反	trái lại
	챙기다	take care of	世話をする	照顾	chăm sóc
	차지하다	take / inherit	占める	占有	chiếm giữ
	내쫓다	drive out	追い出す	赶出去	đuổi ra
	넉넉하다	plenty of / enough	十分だ	富裕	đầy đủ / dư giả
	굶다	starve	飢える	挨饿	nhịn đói
	나눠 주다	share	配る	分给	chia sẻ
	발걸음이 무겁다	heavy footsteps	足取りが重い	脚步沉重	bước chân nặng nề
	무척	very	とても	非常	rất / lắm
	자라다	grow	育つ	长大	lớn lên
	부러지다	be broken / break	折れる	断了	bị gãy
	어쩌다가	how come	偶然に	怎么会	tình cờ
	박씨	(gourd) seed	ひょうたんの種	瓜籽	hạt bầu
	끓이다	boil	沸かす	煮	đun sôi
	심다	plant	植える	种	trồng
	자르다	cut	切る	切	chặt / cắt
	엄청나다	huge	ものすごい	相当	rất nhiều
	견디다	endure	耐える	忍受	chịu đựng
	일부러	deliberately	わざと	故意	cố ý
	부러뜨리다	break	折る	弄断	làm vỡ
	어느새	before they knew it	いつの間にか	一晃、不知不觉间	bỗng nhiên
	괴물	monster	怪物	妖怪	quái vật
	부수다	destroy / smash	壊す	打碎	đập phá
	반성하다	repent / reflect	反省する	反省	tự kiểm điểm
5	개미	ant	あり	蚂蚁	con kiến
	모으다	gather	集める	积攒	gom lại
	베짱이	grasshopper	キリギリス	蟋蟀	con châu chấu
	지켜보다	watch	見守る	观察	xem / chú ý
	대비하다	prepare	対比する	应对	phòng bị

어휘 목록

단원	한국어	영어	일본어	중국어	베트남어
5	비웃다	mock	嘲笑う	嘲笑	chế giễu
	감탄하다	admire	感嘆する	感叹	thán phục
	여전히	still	相変わらず	仍然	vẫn
	부족하다	lack	不足する、足りない	不够	thiếu
	멈추다	stop	止まる	停止	dừng lại
	무시하다	ignore	無視する	无视	phớt lờ
	열매	fruit	実、果実	果实	hoa quả
	충분하다	enough	十分だ	充足	đầy đủ
	거절하다	refuse	断る	拒绝	từ chối
6	탄생	birth	誕生	诞生	sự ra đời
	태어나다	be born	生まれる	出生	được sinh ra
	알을 품다	incubate (eggs)	卵を温める	孵蛋	ấp trứng
	돌보다	take care of	世話をする	照顾	chăm sóc
	닮다	resemble	似る	像	giống với
	정성껏	with great care	真心を込めて	精心地	một cách tận tụy
	외모	appearance	外見	外貌	vẻ bề ngoài
	괴롭힘을 당하다	be bullied	いじめられる	被欺负	bị bắt nạt
	받아들이다	accept	受け入れる	接受	tiếp nhận
	곁	side	そば	身边	cạnh bên
	떠돌아다니다	wander	さまよう	四处漂泊	đi lang thang
	다가오다	approach	近づく	临近	đến gần
	헤매다	wander around	迷う	徘徊	rong ruổi
	숲속	forest	森	森林	rừng
	알을 낳다	lay eggs	卵を産む	下蛋	đẻ trứng
	쫓아내다	chase away	追い出す	赶走	đuổi đi
	괴롭히다	bully	苦しめる	欺负	làm phiền
	백조	swan	白鳥	白天鹅	thiên nga
	멋지다	wonderful	素晴らしい、素敵だ	棒、厉害	đẹp đẽ
	부러워하다	envy	羨ましがる	羡慕	ghen tỵ
	바라보다	gaze	眺める	望着	nhìn ngắm

단원	한국어	영어	일본어	중국어	베트남어
6	도망치다	run away	逃げる	逃走	chạy trốn
	버티다	endure	耐える	熬、坚持	chịu đựng
	날개	wing	翼	翅膀	cánh
	움직이다	flutter / move	動く、動かす	动、扇动	động đậy / di chuyển
	날아오르다	fly up	飛び立つ	飞起来	bay lên
	비치다	reflect	映る	照映	soi bóng
7	단	just	たった	只、就	chỉ
	대신하다	take the place of	代わりをする	代替	thay thế
	마중	greet	出迎え	迎接	việc tiếp đón
	개천	stream	小川	小溪	con suối
	스님	monk	お坊さん	僧人	nhà sư
	부처님	Buddha	仏様	佛祖	Đức Phật
	공양하다	offer food	供養する	供养	cúng dường
	바치다	offer	捧げる	献上	hiến tặng
	괜하다	in vain	無駄だ、余計だ	无谓的、多余的	vô dụng
	뱃사람	sailor	船乗り	船夫	người đi biển
	안심시키다	reassure	安心させる	让……心安	trấn an
	차리다	prepare / set	用意する	准备	chuẩn bị / sắp xếp
	무사히	safely	無事に	平安无事	một cách an toàn
	한편	meanwhile	反面	另一边	mặt khác
	효심	filial piety	孝行心	孝心	lòng hiếu thảo
	명령	command	命令	命令	mệnh lệnh
	눈에 띄다	catch one's eye	目立つ	显眼	nổi bật
	한눈에 반하다	fall in love at first sight	一目惚れする	一见钟情	phải lòng từ cái nhìn đầu tiên
	잔치	feast	宴会	宴会	bữa tiệc
	오래오래	long long time	長く	长长久久、永远	rất lâu
	존재하다	exist / be ere	存在する	存在	tồn tại
8	독수리	eagle	鷲	老鹰	chim ưng
	부리	beak	くちばし	鸟嘴	cái mỏ (chim)

어휘 목록

단원	한국어	영어	일본어	중국어	베트남어
8	쳐놓다	set up	仕掛けておく	设置	đặt
	덫에 걸리다	get caught in a trap	罠にかかる	掉进陷阱	bị mắc bẫy
	소용이 없다	be useless	役に立たない	无济于事	vô ích
	힘세다	strong	力が強い	力气大	mạnh
	경계하다	be cautious	警戒する	戒备	đề phòng
	알아채다	notice	気付く	察觉	đoán biết
	맴돌다	circle above	くるくると回る	盘旋	xoay vòng quanh
	그늘	shade	日陰	树荫	bóng râm
	돌담	stone wall	石垣	石墙	bức tường đá
	금세	quickly	すぐ	一下子	nhanh chóng
	무너지다	collapse	崩れる	倒塌	sụp đổ
	낚아채다	snatch	奪い取る	抢走	giật lấy
	쫓아가다	chase	追いかける	追赶	đuổi theo
	소리치다	shout	叫ぶ	叫喊	hét lên
	훨훨	fluttering	ひらひら	翩翩	bay bổng
	따라잡다	catch up	追いつく	追上	bắt kịp
	장난(을) 치다	play tricks	いたずらをする	开玩笑	đùa cợt
	깔리다	be laid	下敷きになる	被覆盖	bị đè xuống
	은혜	favor / kindness	恩	恩	ơn / ân huệ
	갚다	repay / return	返す	报答	trả
	베풀다	show / extend	施す	施予	cho tặng
9	임금	king	君主	皇帝	nhà vua
	고르다	choose	選ぶ	挑选	chọn
	반짝반짝	glittering	キラキラ	闪闪发光	lấp lánh
	신하	court officials	臣下	大臣	hạ thần
	박수	applause	拍手	鼓掌	vỗ tay
	칭찬하다	praise	褒める	称赞	khen ngợi
	아무래도	somehow	やはり	看来	dù sao đi nữa
	재단사	tailor	仕立て屋	裁缝	thợ may
	궁	palace	きゅうでん	宫殿	cung điện
	기대하다	expect	期待する	期待	trông chờ

단원	한국어	영어	일본어	중국어	베트남어
9	확인하다	confirm	確認する	确认	xác nhận
	완성되다	be completed	完成する	完工	được hoàn thành
	드디어	finally	ついに	终于	cuối cùng thì
	입히다	dress	着させる	给……穿上	mặc cho
	웃음거리	laughingstock	笑いもの	笑柄	trò hề
	거리	street	道	街道	đường phố
	그제야	only then	やっと	那时才	chỉ khi đó
	옳다	be right	正しい	正确	đúng
10	용왕	Dragon King of the sea	竜王	龙王	Long Vương
	간	liver	川	肝	gan
	육지	land	陸地	陆地	đất liền
	다가가다	approach	近づく	靠近	đi tới gần
	용궁	palace of the Dragon King	竜宮	龙宫	long cung
	풍부하다	abundant	豊富だ	丰富	phong phú
	등	back	背中	背	lưng
	업히다	be carried on	背負われる	被背着	được cõng
	황당하다	be bewildered	呆れる	荒唐	thật vô lý
	위기에 처하다	be in danger	窮地に置かれる	陷入危机	gặp nguy hiểm
	진작	earlier / sooner	ずっと前に	早点儿	trước / sớm hơn
	숨기다	hide	隠れる	藏起来	che giấu
	설득하다	persuade	説得する	说服	thuyết phục
	돌려보내다	send back	送り返す	送回去	gởi trả về
	도망가다	run away	逃げる	逃跑	chạy trốn
	달아나다	make a quick getaway	速く逃げる	逃走	cao chạy xa bay
	기지를 발휘하다	show resourcefulness	機転を利かせる	展现机智	phát huy sự thông minh
	벗어나다	get out of	抜け出す	脱离	thoát ra khỏi
	주저앉다	plop down / collapse	座り込む	瘫坐	ngồi phịch xuống
	자책하다	blame oneself	自責する	自责	tự trách mình

어휘 목록

단원	한국어	영어	일본어	중국어	베트남어
10	자유롭다	be free	自由だ	自由	tự do
	지혜롭다	wise	賢明だ	有智慧	khôn ngoan
	침착함	composure / calmness	落ち着き	镇定	sự bình tĩnh
	순발력	quick-wittedness	瞬発力	应变能力	khả năng ứng biến

MEMO

Journey Through
Korean Fairy Tales
한국어 동화 여행

초판 인쇄	2026년 1월 2일
초판 발행	2026년 1월 9일
저자	김미숙
편집	윤상희, 권이준, 김아영
펴낸이	엄태상
디자인	공소라
삽화	임시현(Syun)
조판	이서영
콘텐츠 제작	김선웅, 장형진
마케팅본부	이승욱, 노원준, 조성민, 이선민, 김동우
경영기획	조성근, 최성훈, 김로은, 최수진, 오희연
물류	정종진, 윤덕현, 신승진, 구윤주
펴낸곳	한글파크
주소	서울시 종로구 자하문로 300 시사빌딩
주문 및 교재 문의	1588-1582
팩스	0502-989-9592
홈페이지	http://www.sisabooks.com
이메일	book_korean@sisadream.com
등록일자	2000년 8월 17일
등록번호	제300-2014-90호

ISBN 979-11-6734-104-4 (13710)